Barbara UNELL

Jerry WYCKOFF

SE FAIRE OBÉIR SANS CRIER

Traduit de l'américain
par Louise Drolet

•MARABOUT•

L'ouvrage original américain a été publié par Meadowbrook Press sous le titre *Discipline Without Shouting or Spanking*.

Préface

Tous les enfants — et en particulier les enfants d'âge préscolaire — si parfaits soient-ils, eux ou leurs parents, posent des problèmes de discipline. Les enfants parfaitement adaptés et ceux qui le sont moins, quels que soient leur race, leur couleur, leur religion, leur milieu économique et leur statut social, éprouvent des besoins tout comme leurs parents ont des besoins et des attentes à leur égard. Si ces besoins ne s'ajustent pas aussi parfaitement que les pièces d'un casse-tête et que les enfants ne voient pas les choses du même œil que leurs parents, c'est là que les ennuis commencent.

Or, les parents peuvent tout au moins réduire les problèmes écrasants que pose l'éducation des enfants en apprenant à mettre en accord leurs aptitudes parentales avec les besoins de leurs tout-petits. Ce livre propose des solutions pratiques aux problèmes de comportement courants des enfants de un à cinq ans, normaux et en bonne santé, solutions que les parents et les éducateurs peuvent appliquer dans le feu des conflits qui émaillent le cours normal de la vie familiale. Notre but est de montrer aux parents comment faire face aux problèmes de discipline d'une manière calme, cohérente et efficace, sans cris ni fessées. Nous voulons transformer les parents en « parents disciplinés », capables de conserver la maîtrise d'eux-mêmes quand leurs enfants perdent la leur.

Notre approche allie le meilleur de deux mondes, le monde professionnel et le monde parental. Il est écrit par des parents de bambins, de préadolescents et d'adolescents, qui appuient leurs techniques de résolution de problèmes sur des faits et vous présentent des données expérimentales sans verser dans le jargon théorique. Au cours des vingt dernières années, nous avons étudié ensemble la psychologie du développement et la psychologie de l'enfant au niveau universitaire ; exercé les fonctions de psychologues dans un hôpital public pour enfants et au sein d'un important district scolaire suburbain ; dirigé de nombreux groupes de parents, séminaires et ateliers à l'échelle nationale ; œuvré en tant que consultants auprès de groupes scolaires et de centres de santé mentale ; enseigné la psychologie à l'université ; écrit de nombreux textes sur les parents et les enfants ; et élevé quatre enfants.

Les principes relatifs à la résolution de problèmes et les méthodes disciplinaires proposés ici s'inspirent du mouvement de la psychologie comportementale des années soixante et soixante-dix, qui étudiait le comportement des enfants dans les milieux « réels » que fréquentaient la plupart d'entre eux : maison, école et terrain de jeux. La psychologie comportementale vise à offrir des solutions pratiques aux problèmes courants et à évaluer l'efficacité de ces solutions.

Nous avons voulu faire de ce livre un outil de référence pratique pour les parents aux prises avec les problèmes quotidiens que pose l'éducation des enfants, une sorte de « manuel de premiers soins » à consulter en cas de mauvaise conduite. Ce livre reconnaît le besoin qu'ont les parents de trouver des réponses succinctes, immédiates, directes et pratiques à leurs questions. Il offre des conseils sur la façon de prévenir et de régler les problèmes de comportement. Il présente aussi des « histoires de cas » qui illustrent comment un certain nombre de familles fictives appliquent les stratégies proposées pour régler de vrais problèmes.

Nota : *Veuillez lire les jalons de développement présentés de la page 20 à la page 22 avant d'appliquer les recommandations figurant aux rubriques « À faire » et « À éviter ». Vous comprendrez mieux les principales caractéristiques du comportement des enfants de un à cinq ans, avant de commettre l'erreur de les juger anormaux ou de vous blâmer pour la mauvaise conduite du vôtre. Ainsi, pour comprendre pourquoi votre bambin de deux ans dit toujours non, il est utile de savoir que le négativisme fait partie du comportement normal d'un enfant de cet âge. Ces renseignements vous aideront à déterminer si un comportement donné pose un problème dans votre famille.*

Qu'est-ce qu'un enfant d'âge préscolaire ?

Pour limites de ce livre, ces jours et ces nuits de terreur et de métamorphoses au cours desquels l'enfant de un an semble se transformer soudain en adulte miniature de cinq ans forment les années préscolaires. Pour nous, l'enfant d'âge préscolaire est un enfant qui ne va pas encore officiellement à l'école ; cette catégorie englobe les tout-petits qui commencent à marcher, mais non les bébés.

Les nouveau-nés et les bébés de moins de un an sont des créatures uniques, essentiellement gouvernées par des besoins (de nourriture, de sommeil et de contacts humains) généralement comblés par des soins physiques et émotionnels de base, et non par des stratégies de nature psychologique. C'est pourquoi ce livre met surtout l'accent sur l'enfant plus âgé dont les besoins de croissance donnent lieu à l'éducation parentale.

INTRODUCTION

Les années préscolaires sont des années capitales au cours desquelles l'enfant fait l'apprentissage physique, émotionnel et intellectuel de la vie. Au mieux, les enfants d'âge préscolaire sont curieux, inventifs, impatients d'apprendre et indépendants. Au pire, ils sont têtus, inhibés et « crampons ». Tant leur personnalité caméléon que leur ignorance de la logique des adultes en font des élèves difficiles pour qui s'emploie à leur inculquer des notions de bonne conduite. Les enfants d'âge préscolaire vivent dans un univers aussi stimulant pour eux que pour leurs parents et leur enseigner quoi que ce soit — ce qui est le but profond de la discipline — équivaut parfois à travailler un sol meuble et parfois à se heurter la tête contre un mur de briques.

Cela ne devrait pas nous étonner outre mesure. Les parents et les enfants d'âge préscolaire présentent habituellement une différence d'âge d'au moins vingt ans tandis que l'écart entre leur expérience, leur capacité de raisonnement et leur maîtrise de soi se mesure en années-lumière. De plus, leurs idées, leurs sentiments, leurs attentes, leurs croyances et leurs valeurs à l'égard d'eux-mêmes, des autres et du monde en général sont totalement opposés.

Par exemple, les enfants ne naissent pas en sachant que l'on n'écrit pas sur les murs. Ils n'apprendront les façons souhaitables d'exprimer leurs talents artistiques que si leurs parents persistent à leur montrer où ils peuvent écrire, les félicitent pour leur bonne conduite et leur expliquent les conséquences de toute transgression.

En même temps, les enfants ont leurs propres besoins, désirs et sentiments qu'ils sont pour la plupart incapables d'exprimer clairement. Pendant les cinq premières années de leur vie, ils luttent pour devenir des êtres humains indépendants et n'aiment pas être « élevés » par leurs aînés.

Les visées *ultimes* des parents sur leurs enfants d'âge préscolaire sont les buts *immédiats* qu'ils recherchent pour eux-mêmes, soit la maîtrise de soi et l'autonomie. Quand les parents comprendront que leur enfant n'a pas la même horloge biologique qu'eux et que tous les enfants n'ont pas la même capacité d'apprendre, ils pourront fonder la communication sur l'empathie, la confiance et le respect.

La première tâche qui attend les parents d'enfants d'âge préscolaire consiste à leur enseigner d'une manière qu'ils peuvent comprendre comment se comporter dans l'univers intime de la maison et en public. Quand les parents subissent les crises de colère de leurs enfants, par exemple, ils ne visent pas uniquement à rétablir le calme et l'ordre dans leur maison, mais ils veulent, en fin de compte, leur montrer comment exprimer leur frustration et leur colère d'une manière plus appropriée. Et en tant que maîtres de discipline, les parents doivent donner l'exemple, adopter les comportements qu'ils veulent enseigner à leurs enfants et leur communiquer leurs valeurs de manière qu'elles deviennent aussi importantes pour ceux-ci qu'elles le sont pour eux-mêmes.

Être parent n'est pas facile

Parce que l'enfance est une période qui entraîne naturellement des problèmes et des conflits, il faut se poser un certain nombre de questions avant de classer un comportement dans la catégorie des « problèmes ».

Réfléchissez à la fréquence du mauvais comportement

Évaluez l'intensité de ce comportement. Si votre enfant se fâche facilement, par exemple, c'est peut-être sa façon à lui d'exprimer sa déception. Par contre, s'il pique des colères si violentes qu'il risque de se blesser ou de blesser d'autres personnes, vous devriez peut-être chercher au moins à réduire l'intensité de sa colère.

Évaluez votre tolérance à l'égard du mauvais comportement

Par exemple, vos préjugés, vos besoins ou les règles que vous avez édictées peuvent vous inciter à tolérer et même à trouver amusants certains comportements que d'autres parents jugent intolérables. Toutefois, les autres adultes jouent aussi un rôle dans la définition des problèmes. Se demander : « Que penseront les voisins ? » déplace le problème à l'extérieur de la famille. Un parent qui accepte un comportement à la maison peut se rendre compte que les autres ne l'approuvent pas et décider d'y mettre bon ordre.

Donc, en ce qui concerne les parents, un comportement pose un problème soit dans leur optique à eux soit dans celle des autres. Les enfants ne voient pas leurs crises de colère comme un problème ; ils n'ont simplement pas encore appris de façons plus appropriées de se dominer ou de satisfaire leurs besoins.

Afin de régler efficacement les problèmes comportementaux de leurs enfants, les parents doivent *eux-mêmes* se discipliner (la discipline étant vue ici comme une méthode d'enseignement et d'apprentissage qui engendre l'ordre et la maîtrise de soi). Le comportement des parents doit changer avant celui des enfants, et les parents doivent devenir « disciplinés » eux-mêmes avant de discipliner leurs enfants.

L'ABC d'une éducation disciplinée

Cette partie résume plus de vingt ans de recherches sur le comportement prouvant qu'il importe, pour des raisons tant pratiques que philosophiques, de « distinguer l'enfant de son comportement » quand il se conduit mal. Traiter un enfant de « plouc » parce qu'il n'a pas ramassé ses jouets ne résout rien pour ranger les jouets ni pour enseigner l'ordre à l'enfant. Cela ne contribue qu'à détruire l'image de soi de l'enfant et peut même se changer en prédiction déterminante. Mieux vaut, pour l'amour-propre de l'enfant, se concentrer sur des façons précises et constructives de modifier son comportement.

À partir de ce principe, voici nos règles élémentaires :

Cernez le comportement précis que vous désirez changer

Vous obtiendrez de meilleurs résultats en vous concentrant sur des traits concrets plutôt qu'abstraits. Ainsi, ne vous contentez pas de dire à votre enfant d'être « ordonné » ; expliquez-lui que vous voulez qu'il ramasse ses blocs avant d'aller jouer dehors.

Expliquez clairement à votre enfant ce que vous attendez de lui et montrez-lui comment procéder

Si vous voulez que votre enfant cesse de geindre quand il veut quelque chose, montrez-lui comment le demander. En guidant pas à pas l'enfant à travers l'action désirée, vous l'aidez à comprendre précisément ce que vous attendez de lui.

Complimentez l'enfant qui a adopté le comportement désiré

Ne félicitez pas l'enfant, mais plutôt son action. Par exemple, vous pourriez dire : « J'apprécie que tu restes assis calmement » plutôt que « Tu es gentil de rester assis calmement ». Axez vos éloges ou vos réprimandes sur le comportement de l'enfant parce que c'est précisément ce que vous cherchez à maîtriser.

Faites l'éloge du nouveau comportement aussi longtemps qu'il le faut

En louant toutes les bonnes actions de votre enfant, vous lui rappelez vos attentes et continuez de lui donner l'exemple d'une bonne conduite. Les parents qui veulent que leur enseignement soit efficace ont intérêt à donner l'exemple. Les éloges réitèrent la bonne façon de faire les choses.

N'engagez pas de luttes de pouvoir avec vos enfants

En recourant à une technique comme la « course contre la montre » (page 17) afin d'accélérer les préparatifs du coucher, vous contribuez à résoudre le conflit parent-enfant en transférant l'autorité sur un objet neutre, en l'occurrence le minuteur de cuisine.

Soyez présent

Il ne s'agit pas d'être avec les enfants à chaque instant, mais ils ont besoin d'une surveillance assez constante. Si les parents sont présents quand les enfants jouent, ils peuvent les surveiller, leur inculquer de bonnes habitudes de jeu et améliorer leur comportement. En l'absence d'une étroite surveillance, de nombreux écarts de conduite passeront inaperçus.

Ne vous posez pas en historien

Reléguez les écarts de conduite aux oubliettes et ne les ramenez pas constamment sur le tapis. Si votre enfant a commis une erreur et que vous la lui remettiez sans cesse sur le nez, cela ne fera que provoquer du ressentiment chez lui et l'inciter à récidiver. Ce qui est fait est fait. Mieux vaut se concentrer sur l'avenir que s'appesantir sur le passé. Loin d'indiquer aux enfants la bonne conduite à adopter, évoquer leurs erreurs ne fait qu'ériger celles-ci en exemples de ce qu'il ne faut pas faire. De plus, cela entraîne les enfants à commettre des erreurs.

Les cris et les fessées produisent les effets contraires

Les principes ci-dessus énoncent ce que nous, en tant que parents, *devrions* faire quand un enfant se conduit mal. Le plus souvent, toutefois, nous crions et corrigeons nos enfants, surtout quand nous sommes fatigués ou distraits, ou que nous nous sentons impuissants face à leur désobéissance. Crier et corriger sont des réactions assez naturelles mais plutôt absurdes face aux écarts de conduite, surtout s'ils se répètent.

Les punitions sévères entraînent souvent plus de problèmes qu'elles n'en résolvent. D'abord, les cris et les fessées accordent aux enfants une attention négative et, si c'est la seule forme d'attention qu'ils reçoivent, ils se conduiront mal dans le seul but de se faire remarquer. En outre, la plupart du temps, les parents ignorent si les raclées sont efficaces parce qu'ils ne voient pas leurs effets à long terme sur le comportement de l'enfant. Les punitions ne font que rendre l'inconduite clandestine : elles l'empêchent de se produire devant les parents, sans l'arrêter pour autant. Les enfants deviennent alors très habiles à ne pas se faire prendre. Certains parents disent même : « Que je ne t'y reprenne pas ! »

Cependant, dans la hiérarchie du développement moral (telle que l'a définie Lawrence Kohlberg), le niveau le plus bas consiste à « obéir aux règles à la seule fin d'éviter les punitions », et le plus élevé, à « obéir aux règles parce qu'elles sont justes et bonnes ». En battant régulièrement nos enfants parce qu'ils se conduisent mal, nous les empêchons de dépasser le niveau inférieur du développement moral : ils cherchent alors à éviter les punitions et non à faire ce qui est juste ou bien.

La fessée constitue aussi le modèle des premières expériences de l'enfant avec la violence. Les enfants apprennent à devenir violents à cause de l'exemple que leur donnent les adultes. On peut difficilement justifier l'avertissement : « Pas de coups ! » quand on frappe soi-même ses enfants pour rien. L'enfant ayant une vision concrète du monde, s'il voit que l'adulte a le droit de lever la main sur lui, il présumera qu'il a le droit de frapper ses semblables ou un adulte. Les coups engendrent les coups, la colère, le désir de vengeance ainsi que la rupture de communication entre les parents et leurs enfants.

L'autosuggestion

Dans ce livre, nous encourageons les parents à recourir à ce que nous appelons l'*autosuggestion* afin de ne pas se laisser dominer par des pensées irrationnelles. On peut définir l'autosuggestion comme les réflexions que l'on se fait mentalement et qui gouvernent notre comportement. Par exemple, si un parent dit : « Je ne peux pas supporter que mon enfant se lamente ! », sa tolérance face aux lamentations accusera une forte baisse. Si, par contre, ce même parent pense : « Je n'aime pas entendre mon enfant se lamenter, mais je n'en mourrai pas », non seulement il augmentera son niveau de tolérance, mais encore il trouvera une façon appropriée de modifier ce comportement. L'autosuggestion devient alors une façon de se prédisposer au succès plutôt qu'à l'échec. Comme nos réflexions intérieures sont les messages les plus importants que nous recevions, l'autosuggestion est un outil formidable pour les parents d'enfants d'âge préscolaire. Si, grâce à l'autosuggestion, ils arrivent à se calmer dans les moments de stress, ils seront plus enclins à prendre des mesures raisonnables et responsables.

Mode d'emploi

Pour utiliser efficacement ce livre, considérez chaque point de la rubrique « À faire » comme une solution à un problème comportemental donné. Évaluez la gravité de votre problème et commencez par le « premier soin » le plus léger. Une règle d'or, quand on veut modifier le comportement des enfants, consiste à essayer d'abord la stratégie la plus douce. Cela consiste en général à montrer quoi faire à votre enfant et à l'encourager. En cas d'échec, passez à la stratégie suivante, etc., jusqu'à ce que vous en trouviez une qui donne des résultats. En outre, comme il est tout aussi important de savoir ce qu'il faut *éviter* en cas de crise, respectez autant que possible les interdictions de chaque chapitre. Vous préviendrez ainsi l'aggravation ou la répétition des problèmes comportementaux.

Parce que les parents et les enfants sont des êtres

uniques, certains termes et actions appliqués à des situations précises paraîtront plus naturels pour certains parents que pour d'autres. Changez un mot ou deux si vous n'êtes pas à l'aise avec le langage employé. Les enfants de un à cinq ans sont très sensibles aux sentiments et aux réactions subtiles de leurs parents. Faites en sorte que votre enfant croie ce que vous dites et faites, et il acceptera plus volontiers vos méthodes.

Un dernier mot

Tout en mettant en pratique ces clés d'une éducation réussie, vous vous sentirez plus libre d'accepter votre enfant parce que son comportement sera plus acceptable. Les solutions proposées ici ont aussi pour but de lui montrer le type de respect que vous manifestez vous-mêmes aux autres. Vos enfants apprendront le respect si vous les traitez avec respect. Traitez votre enfant comme s'il était votre invité. Cela ne veut pas dire qu'il ne devrait pas obéir aux règles, mais que vous devriez l'inciter à le faire d'une manière douce et respectueuse.

Lexique de la discipline

Les termes ci-dessous sont définis en fonction de leur utilisation dans ce livre.

Course contre la montre

Méthode incitative qui fait appel à l'esprit de concurrence des enfants. Comme ils adorent courir pour arriver les premiers, les parents peuvent, au moyen d'un petit minuteur de cuisine, organiser une compétition entre l'enfant et le temps. Le défi : « Y arriveras-tu avant la sonnerie ? » Forts du soutien de leurs parents, les enfants peuvent ensuite se lancer dans une course contre la montre. Des recherches ont démontré que cette méthode réduisait les conflits et les luttes de pouvoir entre parents et enfants.

Éloge

Fait de souligner verbalement un comportement que l'on veut renforcer. Les éloges doivent toujours être orientés vers le comportement et non vers l'enfant. Exemple : « Tu as bien mangé » et non « Tu es un bon garçon parce que tu as bien mangé ». Les éloges fournissent un modèle d'énoncés qui conduisent l'enfant à un niveau élevé de développement moral.

Moment neutre

Un moment sans conflit, comme celui qui suit une crise de colère et pendant lequel l'enfant joue calmement. Le moment neutre est le moment le plus propice à l'enseignement d'un nouveau comportement parce qu'il est émotivement calme et que, en l'absence de « parasites », les enfants (tout comme les adultes) sont plus réceptifs et mieux disposés à apprendre.

Règle

Jeu prédéterminé d'attentes assorties d'un résultat et de conséquences clairement établis. L'élaboration et l'application de règles sont des techniques efficaces de résolution de problèmes parce qu'on a prouvé que les enfants se comportent d'une manière plus acceptable quand leur univers est prévisible et qu'ils peuvent anticiper les conséquences de leur comportement.

Règle de grand-mère

Entente établie selon le modèle suivant : « Quand tu auras fait X, tu pourras faire Y [ce que l'enfant veut faire]. » Cette règle, inconditionnelle, gagne à être énoncée d'une manière positive plutôt que négative. Ne remplacez jamais le mot « quand » par « si », car l'enfant pourrait vous demander : « Et si je ne fais pas X ? » Comme le dit le vieux dicton : « On gagne son pain à la sueur de son front. » La règle de grand-mère est dérivée de ce truisme fondamental et on a démontré qu'elle produisait un effet puissant sur le comportement parce qu'elle est fondée sur des renforçateurs éprouvés (récompenses, effets positifs).

Réprimande

Remarque acerbe comprenant l'ordre de cesser un comportement, la raison de cet ordre et une solution de rechange, par exemple : « Cesse de frapper ton petit frère ; cela lui fait mal ; demande-lui gentiment de te donner ton jouet. »

Temps mort

Mettre l'enfant à l'écart de toute interaction sociale pendant une période donnée. Un temps mort typique consiste à asseoir l'enfant sur une chaise ou à l'enfermer dans sa chambre pendant un laps de temps précis. La règle d'or : une minute de temps mort pour chaque année d'âge. Pour appliquer cette règle, envoyez l'enfant à l'endroit choisi, puis réglez le minuteur. Si l'enfant quitte sa chaise avant la sonnerie, réglez le minuteur de nouveau et ordonnez à votre jeune rebelle d'y rester jusqu'à ce qu'il entende celle-ci. Recommencez tant qu'il ne respectera pas la période d'immobilité prévue. Les recherches ont démontré que cette méthode dépasse de loin les techniques traditionnelles violentes comme la fessée. Pourquoi ? Parce que, pendant le temps mort, l'enfant ne peut recevoir aucun renforcement (attention verbale, contact physique) ni jouir des éventuels effets positifs de sa mauvaise conduite.

Les jalons du développement de l'enfant

Le tableau ci-dessous indique quelques-unes des étapes par lesquelles passent normalement les enfants de un à cinq ans pendant les années préscolaires. Il s'agit de caractéristiques générales que nous avons associées avec l'âge où elles apparaissent habituellement. Comme chaque enfant possède son propre calendrier de développement, l'« âge du jalon » peut précéder ou suivre l'âge biologique. Servez-vous de ces lignes directrices pour vous familiariser avec chaque étape de croissance en gardant à l'esprit que, même si le comportement de votre enfant est normal, celui-ci peut nécessiter une éducation disciplinée, propre à assurer son bien-être mental et affectif ainsi que le vôtre.

Jalons

De 1 à 2 ans

- Explore son environnement.
- Fait une longue sieste quotidienne.
- S'amuse seul pendant de courtes périodes.
- Explore toutes les parties de son corps.

De 2 à 3 ans

- Court, grimpe, pousse, tire ; est très actif.
- A les jambes cagneuses.
- Mange avec ses doigts ou une cuiller, boit dans une tasse.

- Ôte seul certains vêtements.
- Explore ses organes génitaux.
- Dort moins, se réveille facilement.
- Aime les activités routinières.
- Est bouleversé si sa mère passe la nuit à l'extérieur.
- Veut faire des choses par lui-même.
- Est têtu et indécis ; change souvent d'avis.
- A des crises de colère et des sautes d'humeur.
- Imite les adultes.
- Joue en présence d'enfants de son âge, mais non avec eux.
- N'est pas encore capable de partager, de patienter, d'attendre son tour, de céder.
- Aime jouer dans l'eau.
- Prolonge le « bonne nuit ».
- Utilise des mots simples, fait de courtes phrases.
- Est négatif ; dit non.
- Comprend plus qu'il ne peut dire.

De 3 à 4 ans

- Court ; saute et grimpe.
- Mange seul ; boit très bien dans une tasse.
- Transporte des objets sans les renverser.
- Peut mettre et ôter certains vêtements.
- Ne dort pas toujours à l'heure de la sieste, mais joue calmement.
- Est attentif aux adultes ; cherche leur approbation.
- Est sensible à la désapprobation.
- Collabore ; aime rendre de petits services.
- Se trouve à l'étape du « moi aussi » ; aime être inclus.
- Est curieux des choses et des gens.
- A de l'imagination ; craint l'obscurité, les animaux.
- Peut avoir un compagnon imaginaire.
- Quitte parfois son lit le soir.
- Est loquace ; fait de courtes phrases.
- Peut attendre son tour ; a un peu de patience.

- Peut assumer certaines responsabilités (ranger ses jouets, par exemple).
- S'amuse bien seul, mais les jeux collectifs peuvent être tumultueux.
- Est attaché au parent du sexe opposé.
- Est jaloux, surtout d'un nouveau bébé.
- Manifeste des sentiments de culpabilité.
- Relâche son sentiment d'insécurité en se lamentant, en pleurant et en demandant des preuves d'amour.
- Relâche sa tension en suçant son pouce, en se rongeant les ongles.
- Est expressif.

De 4 à 5 ans

- Continue de grossir et de grandir.
- Continue d'améliorer sa coordination.
- Possède de bonnes habitudes en matière d'alimentation, de sommeil et d'élimination.
- Est très actif.
- Commence des activités sans toujours les terminer.
- Aime commander et se vanter.
- Joue avec les autres tout en s'affirmant.
- Engage de brèves querelles.
- Parle clairement ; est un grand orateur.
- Raconte des histoires ; exagère.
- Emploie les mots relatifs aux toilettes d'une manière « idiote ».
- Fabrique des mots sans signification comportant beaucoup de syllabes.
- Rit, glousse.
- Lambine.
- Se lave quand on le lui demande.
- Demande : « Comment ? » et « Pourquoi ? ».
- Possède une imagination très vive.
- Se montre dépendant de ses pairs.

L'HEURE DIFFICILE DU COUCHER

Chez les petits êtres énergiques que sont les enfants d'âge préscolaire, l'heure du coucher ou de la sieste se transforme parfois en une chasse à l'homme, une crise de larmes ou l'incessante quête d'un autre livre visant à repousser aux calendes grecques le moment détesté. Peu importe l'heure à laquelle votre enfant pense qu'il doit se coucher, soyez ferme quant à l'heure de votre choix. Accordez-lui cependant un moment de détente afin qu'il se fasse progressivement à l'idée de couper son moteur.

Nota : Comme le besoin de sommeil de votre enfant change avec l'âge, vous pouvez retarder son coucher ou raccourcir ses siestes à mesure qu'il grandit. Tous les enfants (même d'une même famille) n'ont pas besoin de la même quantité de sommeil. (Votre bambin de deux ans peut se contenter de moins de repos que son aîné quand il avait le même âge.)

Les mesures préventives

Ménagez un tête-à-tête avec votre enfant à l'heure du coucher

À la fin de la journée ou à l'heure de la sieste, créez une atmosphère spéciale entre votre enfant et vous en lui récitant un poème ou en lui racontant une histoire. Faites du coucher un événement spécial que votre enfant anticipera avec plaisir. Récitez-lui une comptine ou parlez-lui des événements de la journée, même si votre conversation est à sens unique.

Habituez votre enfant à faire de l'exercice tous les jours

Assurez-vous que votre enfant fait de l'exercice durant la journée afin que son corps rappelle à son esprit d'aller au lit.

Limitez la durée des siestes de votre enfant

Ne laissez pas votre enfant faire la sieste jusqu'à l'heure du coucher en espérant le voir se rendormir une heure plus tard. Réveillez-le au besoin afin d'espacer les périodes de sommeil et de veille.

Faites quelques activités avec lui avant le coucher

Jouez avec votre enfant avant d'annoncer l'heure du coucher pour ne pas l'inciter à y résister dans le simple but d'obtenir votre attention.

Couchez-le toujours à la même heure

Déterminez la quantité de sommeil dont votre enfant a besoin en remarquant son comportement quand il fait une sieste ou non et quand il se couche à 21 h et à 19 h. Puis déterminez l'heure de son coucher en fonction de ses besoins.

Les besoins

À FAIRE

Jouez à la course contre la montre

Voici comment : une heure avant le coucher (ou la sieste) de votre enfant, réglez le minuteur à cinq minutes. Ceci permet à l'enfant d'anticiper les événements. Quand le minuteur sonne, réglez-le de nouveau à quinze minutes environ et effectuez les préparatifs du coucher avec votre enfant (laissez-le agir seul s'il en est capable) : prendre un bain, mettre son pyjama, se brosser les dents, boire quelque chose, aller aux toilettes, etc. S'il a fini avant la sonnerie, il peut rester debout et jouer seul pendant les quarante minutes qui restent. S'il n'a pas fini avant la sonnerie, ne lui retirez aucun privilège, mais mettez-le simplement au lit.

Suivez la routine du coucher, quelle que soit l'heure

Même si le coucher de l'enfant est retardé pour une raison ou une autre, observez toujours le même rituel afin de montrer à votre enfant ce que vous attendez de lui à l'heure du coucher. Ne mentionnez pas l'heure tardive. Accélérez les préparatifs en l'aidant à mettre son pyjama ou en lui donnant à boire, par exemple, et, au début, réglez le minuteur à trente minutes plutôt qu'à soixante ; ne brûlez aucune étape.

Respectez l'ordre des préparatifs

Comme la cohérence est une source de sécurité pour les enfants d'âge préscolaire, faites en sorte que votre enfant prenne son bain, se brosse les dents et mette son pyjama dans le même ordre chaque soir. Demandez-lui de nommer à l'avance les étapes du rituel afin de transformer en jeu les préparatifs du coucher et laissez-le mener la barque.

Offrez-lui une récompense s'il bat de vitesse le minuteur

À son réveil, saluez votre enfant en lui annonçant la récompense qu'il a méritée pour avoir battu de vitesse le minuteur : « Tu as été si efficace hier soir que je vais te préparer ton petit déjeuner favori » ou « Parce que tu t'es couché si gentiment hier soir, je vais te lire une histoire ».

À ÉVITER

Ne laissez pas votre enfant décider de l'heure de son coucher

Tenez-vous-en à l'heure choisie même si votre enfant résiste ou fait tout pour la retarder. Rappelez-vous pourquoi il ne veut pas se coucher et pourquoi il doit le faire : « Il pleure simplement parce qu'il ne veut pas cesser de jouer, mais je sais qu'il aura plus de plaisir à jouer plus tard s'il se couche maintenant. »

Évitez les menaces ou les coups

Outre que cela risque de vous contrarier et de susciter en vous des sentiments de culpabilité s'il s'entête dans son comportement, menacer ou corriger votre enfant pour l'inciter à se coucher risque de provoquer des cauchemars et des peurs chez lui. Servez-vous du minuteur comme d'une autorité neutre pour décider que l'heure du coucher a sonné afin de vous libérer de tout blâme.

Ne rappelez pas à votre enfant sa nature agitée

Ne le faites pas payer au réveil pour avoir refusé de se coucher à l'heure. Recommencez la « course contre la montre » jusqu'à ce qu'il y joue tout naturellement.

Le coucher de Simon

Les soirées chez les Godin se résumaient à une chose : une lutte larmoyante à l'heure du coucher entre le petit Simon, âgé de trois ans, et son père.

« J'suis pas fatigué ! J'veux pas me coucher ! J'veux rester debout ! » suppliait Simon tous les soirs pendant que son père le traînait rageusement jusqu'à son lit. « Je sais que tu ne veux pas te coucher, disait-il, mais tu feras ce que je dis, et je dis que c'est l'heure de te coucher ! »

M. Godin était aussi contrarié que son fils d'avoir à le coucher de force. Tout en croyant qu'il devait se faire obéir, il savait que Simon s'endormait en pleurant pendant qu'il se cassait la tête pour trouver un moyen de rendre moins pénible l'heure du coucher.

Le lendemain soir, M. Godin décida de se dominer et de laisser quelque chose d'autre, en l'occurrence un minuteur, faire le travail à sa place. Une heure avant le coucher de Simon, il le régla à cinq minutes. « Il est temps de te préparer à te coucher », expliqua M. Godin à son fils curieux. « Si tu finis de te préparer avant la sonnerie, nous réglerons le minuteur de nouveau et tu pourras recommencer à jouer pendant le reste de l'heure. Si le minuteur sonne avant que tu aies fini, tu devras te coucher tout de suite et tu ne joueras plus jusqu'à demain. »

Simon se dépêcha et termina ses préparatifs avant la sonnerie. Comme promis, M. Godin régla de nouveau le minuteur, puis il lut à son fils ses histoires favorites et lui chanta des comptines jusqu'à ce que le minuteur sonne de nouveau, près d'une heure plus tard. « C'est l'heure de me coucher, n'est-ce pas ? » annonça Simon, tout content d'avoir compris le jeu. « Mais oui ! Comme tu es intelligent ! » répondit son père.

En mettant Simon au lit, M. Godin lui redit sa fierté de voir qu'il avait gagné la « course contre la montre ». Les récompenses et, en conséquence, les moments détendus que le papa de Simon partagea avec son fils les aidèrent tous deux à passer une soirée sans affrontements pour la première fois depuis des mois. Après plusieurs semaines de ce rituel, le coucher ne fut jamais un événement que Simon anticipait avec plaisir, mais il ne fut plus jamais un sujet de bataille entre son père et lui.

Les enfants qui se lèvent la nuit

Les enfants de moins de six ans ont la réputation de réclamer des histoires ou des câlins, ou de se glisser dans le lit de leurs parents dès que ceux-ci ont quitté leur chevet ou éteint la lumière. Rappelez-vous que c'est de sommeil que votre enfant a besoin la nuit, même s'il veut dix histoires et quatre verres d'eau simplement pour voir ce que vous faites ou vous ramener près de lui. Montrez-lui que dormir vous ramènera auprès de lui plus rapidement que ses subterfuges pour attirer l'attention.

Nota : Si vous ignorez si votre enfant a véritablement besoin de quelque chose ou s'il exprime simplement un désir (il ne parle pas encore ou ne fait que pleurer sans dire ce qu'il veut), allez voir ce qui se passe. S'il n'est pas malade, embrassez-le et étreignez-le rapidement (pas plus de trente secondes) et quittez sa chambre. Dites-lui d'un ton ferme et affectueux qu'il est l'heure de dormir, non de jouer.

Les mesures préventives

Discutez des règles du coucher à un moment autre que celui du coucher

Déterminez le nombre de verres d'eau ou d'excursions aux toilettes auxquels votre enfant a droit à l'heure du coucher. Énoncez ces règles à un moment neutre afin qu'il sache à quoi s'en tenir quand vient le temps d'aller au lit. Exemple : « Tu peux emporter deux livres au lit et avoir un verre d'eau, et je te lirai deux histoires avant que tu t'endormes. » Si votre enfant aime se coucher avec vous, prenez une décision à ce sujet avant qu'il ne vienne dans votre chambre. (Rien ne prouve qu'il est bénéfique ou nocif pour les enfants de dormir avec leurs parents.)

Promettez des récompenses

Dites à votre enfant que s'il obéit aux règles, il aura droit à une récompense : « Si tu restes dans ton lit toute la nuit (si c'est la règle que vous avez édictée), tu auras des céréales au petit déjeuner. » Les récompenses peuvent englober un mets spécial au petit déjeuner, des excursions au parc, des jeux, des périodes de jeu avec vous ou tout ce qui peut faire plaisir à votre enfant.

Invitez-le à se rendormir

Rappelez les règles du coucher à votre enfant en le mettant au lit afin de lui rafraîchir la mémoire sur vos discussions antérieures.

Les solutions

À FAIRE

Aidez votre enfant à suivre les règles

Faites en sorte que les conséquences de tout manquement à la règle soient dissuasives. Si votre enfant transgresse une règle en demandant plus de deux verres d'eau, par exemple, allez le voir et dites : « Je regrette que tu te sois levé et que tu aies enfreint la règle des deux verres d'eau. Je vais fermer ta porte comme convenu [si c'est ce que vous aviez convenu de faire dans ce cas]. »

Appliquez fermement la règle

Appliquez la règle chaque fois que votre enfant l'enfreint afin de lui montrer que vous ne plaisantez pas. Par exemple, si votre enfant vient vous trouver dans votre chambre, recouchez-le en disant : « Je regrette que tu sois venu dans notre lit. Rappelle-toi la règle : chacun dort dans son lit. Je t'aime. À demain. »

Tenez vos promesses

Gagnez la confiance de votre enfant en lui accordant toujours la récompense promise quand il respecte les règles.

À ÉVITER

Ne revenez pas sur vos promesses

Une fois les règles établies, ne les changez pas sans en discuter au préalable avec votre enfant. Chaque fois que vous n'appliquez pas les règles, vous apprenez à votre enfant à essayer d'obtenir ce qu'il veut malgré votre interdiction.

Ne cédez pas aux cris

Si votre enfant pleure parce que vous appliquez la règle, rappelez-vous qu'il apprend une leçon importante pour sa santé : les nuits sont faites pour dormir. Calculez la durée de ses pleurs afin de suivre les progrès que vous faites en tentant de vaincre sa résistance au sommeil. Si vous ne cédez pas, ses pleurs devraient durer de moins en moins longtemps pour disparaître complètement.

N'utilisez pas les menaces et la peur

Des menaces comme « Si tu te lèves, les lézards te mangeront » ou « Si tu recommences, tu auras une raclée » ne feront qu'aggraver le problème parce que, à moins d'être mises à exécution, les menaces ne sont que des bruits dénués de sens. La peur clouera peut-être votre enfant au lit, mais elle peut se généraliser au point qu'il aura peur d'un tas de choses.

Ne parlez pas à votre enfant de loin

En criant à votre enfant des menaces et des règles alors qu'il ne vous voit pas, vous lui donnez l'exemple des cris et laissez entendre que vous ne l'aimez pas assez pour lui parler en face.

Les divagations nocturnes de Suzie

Âgée de deux ans et demi, Suzie faisait toutes ses nuits depuis l'âge de six mois. Depuis un mois, cependant, elle ne dormait que quelques heures avant de perturber le sommeil paisible de ses parents en criant : « Maman ! Papa ! »

Au début, ses parents se précipitaient à son chevet pour découvrir qu'elle voulait un verre d'eau ou un câlin, ou avait un caprice.

Au bout de quelques semaines, les parents épuisés décidèrent de prendre le taureau par les cornes et de mettre un terme aux caprices de leur fille. « Si tu ne restes pas dans ton lit, tu seras punie, jeune fille », lui dirent-ils avant d'aller se recoucher. Ils entendirent aussitôt Suzie qui se dirigeait à pas de loup vers leur chambre. Ils essayèrent les raclées et les menaces... mais leur lourde main semblait avoir peu de poids.

Ils essayaient de se convaincre qu'il était normal que Suzie s'éveille au milieu de la nuit : tout le monde traversait des périodes de sommeil léger et de sommeil profond. Mais ils savaient aussi que leur fille pouvait décider de se rendormir au lieu de les appeler.

Pour résoudre la difficulté, ils décidèrent d'accorder à Suzie plus d'attention quand elle demeurait dans son lit. « Si tu restes dans ton lit sans nous appeler, lui expliquèrent-ils en la bordant le lendemain soir, tu auras une surprise au petit déjeuner demain. Mais si tu nous appelles au milieu de la nuit, nous fermerons ta porte, tu devras rester couchée et tu n'auras pas de surprise. » Ils énoncèrent la nouvelle règle en termes clairs et simples.

Cette nuit-là, Suzie appela sa mère. « Veux un verre d'eau ! » Mais sa mère tint promesse : elle ferma sa porte sans prêter attention à ses cris. « Je suis désolée que tu ne te sois pas rendormie, Suzie. Je suis obligée de fermer ta porte. À demain matin. »

Après trois nuits de porte fermée et de sommeil interrompu, Suzie comprit qu'il ne servait à rien d'appeler ses parents et que le fait de rester dans son lit toute la nuit lui apportait les surprises promises au matin. En outre, non seulement ses parents étaient mieux reposés mais, en prime, Suzie se sentait grande et importante quand ils la félicitaient d'être restée dans son lit toute la nuit.

Le refus de manger

Bien que, de tout temps, les parents aient poussé leurs enfants d'âge préscolaire à manger, bien des enfants de moins de six ans sont encore trop occupés à explorer leur univers pour consacrer beaucoup de temps à la mastication. Si la tentation de nourrir votre enfant de force est presque innée en vous, accordez-lui plus d'attention pour ce qu'il mange (même le plus petit pois !) que pour ce qu'il ne mange pas.

Nota : Ne confondez pas un refus de manger occasionnel avec une maladie. Demandez l'aide d'un professionnel si votre enfant est malade et incapable de manger.

Les mesures préventives

Ne sautez pas vous-même de repas

En sautant des repas, vous donnez à votre enfant l'impression qu'il peut ne pas manger puisque vous ne mangez pas vous-même.

Évitez soit d'insister sur son ventre rebondi, soit d'idolâtrer sa maigre silhouette

Même un enfant de trois ans peut commencer à se soucier de son poids si vous lui inculquez l'obsession des kilos superflus.

Sachez quelle est la quantité adéquate de nourriture pour un enfant de son âge et de son poids

Apprenez quelles sont les quantités normales de nourriture pour votre enfant afin que vos attentes soient réalistes. (Voir l'annexe II, page 179.)

Élaborez un horaire des repas

Habituez l'organisme de votre enfant à avoir besoin de nourriture à des moments précis, et son corps le lui rappellera à ces moments-là.

Les solutions

À FAIRE

Encouragez votre enfant à manger moins, mais plus souvent

Comme son estomac est plus petit que le vôtre, il ne peut contenir assez de nourriture pour sustenter votre enfant durant trois à quatre heures entre les repas. Laissez-le manger aussi souvent qu'il le désire, pourvu que ce soient des aliments sains. Dites-lui, par exemple : « Si tu as faim, dis-le-moi, et je te donnerai du céleri avec du fromage ou une pomme avec du yaourt. » Assurez-vous de pouvoir concrétiser ces suggestions en vérifiant ce que vous avez à la maison et l'heure du prochain repas.

Laissez votre enfant choisir ses aliments

De temps en temps, laissez votre enfant choisir (sous votre surveillance) sa collation ou le menu de son déjeuner. S'il a l'impression d'exercer un certain contrôle sur ce qu'il mange, il sera peut-être plus emballé par la nourriture. Complimentez-le sur ses choix judicieux (limitezles à deux afin qu'il ne soit pas dépassé par le processus de décision) : « Je me réjouis de voir que tu as choisi une orange ; c'est une délicieuse collation. »

Offrez-lui une alimentation variée et équilibrée

Les enfants doivent apprendre à bien se nourrir. Enseignez-le-lui en lui proposant des mets nourrissants dans une vaste gamme de goûts, de consistances, de couleurs et de parfums. N'oubliez pas que les enfants de cet âge ont des goûts très instables et attendez-vous à ce que le vôtre refuse aujourd'hui un mets dont il raffolait hier.

Laissez la nature suivre son cours

Au cours d'une semaine, un enfant normal et sain choisira naturellement des aliments équilibrés qui, de l'avis des pédiatres, le nourriront de façon adéquate. Remarquez ce que votre enfant mange du lundi au dimanche (pas du lever au coucher du soleil) avant de craindre qu'il ne soit sous-alimenté.

Félicitez-le s'il mange

Encouragez votre enfant quand il avale une bouchée pour lui montrer que manger retiendra autant votre attention que ne pas manger. Félicitez-le de ses bonnes habitudes alimentaires en disant : « Je suis content de voir que tu as pris une bouchée de pain de viande tout seul » ou « Je suis contente que tu aimes les petits pains que nous avons aujourd'hui ».

Faites des repas un moment consacré à la table

Comme ils n'ont pas faim en même temps que nous, les enfants veulent souvent jouer dehors ou terminer leur jeu de construction à l'heure des repas. Vous devrez peut-être habituer le vôtre à suivre votre horaire, du moins quand vient le temps de vous attabler ensemble. Vous y arriverez non pas en forçant votre enfant à avaler une grande quantité de nourriture, mais en réglant un minuteur pour tout le temps où il doit rester à table, qu'il mange ou non. Dites : « Le minuteur sonnera quand le dîner sera terminé. Tu dois rester à table jusqu'à ce qu'il sonne. Préviens-moi quand tu auras fini et j'enlèverai ton assiette. » Les enfants de moins de trois ans, dont la concentration est moins grande, ne peuvent rester à table aussi longtemps que les enfants de quatre ou cinq ans. Surveillez les moments où votre enfant semble avoir faim afin de connaître son rythme et de le respecter si possible.

À ÉVITER

N'offrez pas systématiquement une récompense alimentaire à votre enfant quand il mange

Gardez le sens des proportions face à la nourriture, qui vise à nourrir, non à matérialiser des éloges. Exemple : « Puisque tu as si gentiment mangé tes haricots verts, tu pourras jouer dehors après le dîner. »

Évitez d'offrir une récompense ou de supplier

Si votre enfant refuse de manger, ne lui offrez pas de récompense pour l'inciter à manger et ne le suppliez pas non plus. Son refus deviendrait alors un jeu destiné à attirer votre attention et lui donnerait l'impression de vous dominer.

Ne soyez pas contrarié par son refus de manger

Si vous accordez de l'attention à votre enfant parce qu'il ne mange pas, il est alors beaucoup plus avantageux pour lui de refuser de manger que d'accepter de le faire.

N'abordez pas le sujet avec des tiers

Évitez d'accorder une importance excessive aux habitudes alimentaires de votre enfant afin que la nourriture ne devienne pas un terrain propice aux luttes de pouvoir.

« *VEUX PAS MANGER, BON !* »

Quand Jeannot eut quatre ans, il perdit tout appétit. Ses parents ignoraient la cause de cette transformation, de même que le pédiatre qui lui fit subir un examen médical sur les instances de sa mère que cette situation énervait.

Un soir que Mme Roland suppliait son fils de manger « juste un petit pois », il piqua une violente colère, jeta son assiette par terre et cria : « Veux pas manger, bon ! »

M. Roland décida qu'il avait laissé les choses trop longtemps aux mains de sa femme. « Écoute-moi bien, Jeannot. Si tu ne manges pas tes macaronis, tu sortiras de table », menaça-t-il en énonçant fermement la règle du moment. Il était loin de se douter que Jeannot ne se le ferait pas dire deux fois et sauterait aussitôt à bas de sa chaise.

« Jeannot Roland, tu ne sortiras pas de table tant que tu n'auras pas mangé ton dîner, même si tu dois y passer la nuit ! » déclara M. Roland, qui modifia ainsi la règle et dérouta son fils tout à fait. Plus tard ce soir-là, après avoir couché et bordé leur fils, les Roland décidèrent que cela ne pouvait pas durer : ils commençaient à frapper leur petit garçon et à crier. Ils voulaient que les repas redeviennent ce qu'ils étaient : un moment fait pour manger, pour échanger des histoires amusantes et des chansons, et se raconter les événements de la journée.

Le lendemain soir au dîner, les parents de Jeannot ne firent nullement attention à la nourriture ni au manque d'appétit de Jeannot. « Raconte-moi ce que tu as fait à la garderie aujourd'hui », dit Mme Roland avec toute la sincérité et le calme dont elle était capable tout en passant le brocoli à son mari. Jeannot s'illumina en racontant qu'il avait été choisi pour tenir le drapeau, et il se trouva qu'il avala une bouchée de pommes mousseline entre deux explications enthousiastes.

« C'est très gentil à toi d'avoir été aussi serviable aujourd'hui », complimenta Mme Roland. « Et je suis contente de voir que tu aimes les pommes mousseline », ajouta-t-elle. Les Roland

continuèrent de manger tout en se gardant bien d'insister pour que Jeannot reprenne « quelques bouchées de pommes de terre ».

Le lendemain matin, ils parlèrent de leur succès de la veille, décidèrent de poursuivre dans la même veine et de mettre en pratique la suggestion du médecin. « Si l'on en juge par sa taille normale mais mince, avait dit le médecin, Jeannot ne peut peut-être qu'avaler de petites quantités à la fois, mais il pourrait manger plusieurs fois par jour comme bien des gens. » C'est ainsi que l'heure du dîner cessa de préoccuper Mme Roland qui se mit à fabriquer d'amusants bateaux avec des bâtonnets de carottes et des visages faits de fromage et de raisins secs pour les collations de son fils ; celui-ci s'habitua à manger davantage pendant la journée même s'il continuait d'avaler son dîner en quelques minutes. Mais les Roland appréciaient les moments que Jeannot consacrait à la nourriture, et ils laissèrent leur fils décider quand il avait faim ou non.

Les enfants qui jouent avec la nourriture

Prenez un bambin de un, deux ou trois ans, ajoutez des aliments qu'il ne veut pas manger, et les parents essuient les dégâts sur leurs mains, sur celles de l'enfant et, indubitablement, sur le plancher et la table aussi. Quand la faim de votre enfant ne le pousse pas à porter les aliments à sa bouche, son joyeux tripotage vous indique qu'il a mangé tout ce qu'il voulait, qu'il puisse vous le dire ou non. Retirez-lui toujours ses aliments dès que ceux-ci se transforment en arme ou en boulettes de pâte à modeler pour lui montrer que la nourriture est faite pour être mangée ; sinon il en sera privé... même s'il a encore faim.

Les mesures préventives

Ne jouez pas avec vos aliments

Si vous tournez vos petits pois avec votre fourchette, même inconsciemment, votre enfant supposera qu'il peut faire de même.

Prévoyez des aliments que votre enfant aime (au moins un à chaque repas) et peut manger

Coupez-les en morceaux faciles à manger. Afin de minimiser le travail qu'il devra effectuer avant de porter ses aliments à sa bouche, coupez sa nourriture et beurrez son pain avant de lui donner son assiette.

Ne mettez pas les plats sur la table

Évitez aux enfants d'âge préscolaire la tentation de remuer et de verser la nourriture pour le simple plaisir.

Enseignez à votre enfant à se tenir à table (à un autre moment que celui des repas)

Votre enfant doit savoir ce que vous attendez de lui au restaurant et à la maison car les bonnes manières ne sont pas innées. Organisez de fréquentes petites réceptions au cours desquelles vous lui montrerez comment se servir de sa cuiller, laisser la nourriture sur la table, ne pas y toucher avec les doigts, vous dire quand il a fini, etc. Par exemple, dites à votre enfant de moins de deux ans : « Dis : “J'ai fini”, et tu pourras sortir de table et aller jouer. » À votre enfant de trois, quatre ou cinq ans, dites : « Quand tu entendras la sonnerie du minuteur, tu pourras quitter la table. Préviens-moi quand tu auras terminé, et j'enlèverai ton assiette. »

Parlez à votre enfant à table

Si vous tentez de converser avec lui, il ne cherchera pas d'autres façons d'attirer votre attention, comme de gâcher sa nourriture.

Les solutions

À FAIRE

Complimentez votre enfant pour ses bonnes habitudes à table

Chaque fois que votre enfant ne joue pas avec sa nourriture à table, dites-lui combien vous appréciez qu'il mange bien afin de lui faire comprendre que sa bonne conduite sera récompensée : « Je me réjouis de voir que tu te sers de ta fourchette pour manger tes petits pois » ou « J'apprécie que tu enroules tes spaghettis sur ta fourchette comme je te l'ai montré ».

Faites en sorte que gâcher la nourriture n'ait aucun attrait

Si votre enfant transgresse une règle dont vous avez parlé ensemble auparavant, annoncez-lui-en les conséquences afin de lui prouver que jouer avec sa nourriture le privera de moments agréables. Exemple : « Je regrette de voir que tu as mis tes doigts dans tes pommes mousseline. Maintenant que le dîner est terminé, tu devras nettoyer ce que tu as sali. »

Demandez à votre enfant s'il a terminé quand il commence à gaspiller sa nourriture

Ne présumez pas d'emblée que votre enfant se conduit de façon diabolique. Demandez-lui pourquoi il dissèque son pain de viande afin de lui donner une chance de s'expliquer (s'il parle).

À ÉVITER

Ne perdez pas votre sang-froid

Même si vous êtes dégoûté et furieux contre votre enfant parce qu'il fait du gaspillage en jouant avec sa nourriture, votre colère peut être le sel que recherche votre enfant pour son repas. Les tout-petits adorent avoir le pouvoir de toucher les autres (pour le meilleur ou pour le pire). Ne laissez pas le vôtre jouer avec sa nourriture pour attirer l'attention. Par contre, faites semblant d'ignorer tout jeu anodin que vous vous sentez capable d'accepter à table.

Ne cédez pas

Si votre enfant doit payer le prix pour avoir gâché sa nourriture, ne cédez pas et faites-le-lui payer même s'il le trouve trop élevé. Montrez à votre enfant que vous ne plaisantez pas quand vous concluez un pacte avec lui.

DES DÎNERS CATASTROPHIQUES

Les repas chez les Gagnon ressemblaient davantage à un atelier de dessin qu'à des repas car le petit Nicolas, âgé de trois ans, avait pris la détestable habitude d'étaler sa nourriture autour de son assiette et de recracher ce qui n'avait pas l'heure de chatouiller agréablement ses papilles gustatives.

Dégoûtés par ce gaspillage, ses parents tentaient d'y mettre un frein en criant : « Ne joue pas avec tes aliments ! » chaque fois que Nicolas décidait de rigoler un peu. Même après que sa mère eut proféré la mise en garde suivante : « Si tu continues de jouer avec tes petits pois, tu sortiras de table », Nicolas tenta de catapulter un autre petit pois dans son verre de lait.

Les fessées ne produisaient aucun résultat non plus : Nicolas prenait quelques bouchées de plus avant de donner son ragoût aux plantes avoisinantes.

Les Gagnon tentèrent donc de deviner à quel moment précis

Nicolas était repu, puis ils lui ôtaient son assiette dès que ses yeux et ses mains découvraient de nouveaux usages pour les pommes frites et les haricots verts. La mère de Nicolas prenait aussi quelques minutes chaque jour pour enseigner à son fils les mots : « J'ai fini » grâce auxquels il pourrait indiquer qu'il avait terminé son repas.

Les parents de Nicolas étaient soulagés de voir que trois semaines s'étaient écoulées sans que Nicolas s'adonne à ses prouesses alimentaires quand ce dernier se mit à enduire la nappe de crème. Or ils avaient établi une règle pour les « cafouillages » qu'ils expliquèrent calmement à leur fils.

« Maintenant que tu as fait ce gâchis, tu dois le nettoyer », lui annoncèrent-ils avant de lui montrer comment procéder. Nicolas ne reçut aucune attention pendant qu'il nettoyait tout seul ce qu'il avait sali, et il ne fallut que trois ramassages pour qu'il commence à dire « J'ai fini » au lieu de créer une zone sinistrée autour de lui. Ces mots étaient magiques, découvrit-il, car ils lui valaient des câlins et des baisers de ses parents qui disaient : « Merci d'avoir dit : "J'ai fini", Nicolas. Comme tu as fini de manger, tu peux aller jouer avec tes camions pendant que nous terminons notre repas. »

La famille tout entière semblait soulagée de voir qu'elle passait plus de temps à parler de la bonne conduite de Nicolas à table plutôt que de son gaspillage éhonté. Les repas en sa compagnie étaient plus courts mais plus agréables que jamais auparavant.

La boulimie

Bien des enfants de moins de six ans ont un appétit aussi vorace que celui d'Obélix. À l'instar de ce personnage, votre enfant ne sait pas pourquoi il veut plus de nourriture qu'il n'en a besoin. Mais vous devez le savoir afin de le remettre sur la bonne piste à cet égard. Parce que la voracité est un symptôme et non un problème comme tel, cherchez les raisons qui se cachent derrière l'appétit insatiable de votre enfant. Par exemple, voyez s'il dévore par habitude, parce qu'il s'ennuie, par imitation ou pour attirer votre attention. Aidez-le à satisfaire ses besoins sans manger, comme vous le feriez vous-même.

Nota : Sollicitez l'aide d'un spécialiste si votre enfant fait constamment des excès alimentaires. Évitez les régimes sans surveillance médicale.

Les mesures préventives

Sachez ce qui est approprié pour votre enfant

Avant d'élaborer un régime alimentaire, sachez quelle quantité de nourriture est normale pour votre enfant et quel est le poids moyen des enfants de sa taille et de son sexe. (Voir l'annexe II, page 179.)

Servez-lui des aliments sains

Gardez les aliments riches en calories inutiles hors de la portée de votre petit glouton afin de ne pas le tenter.

Surveillez son régime

Comme votre enfant est trop petit pour décider ce qu'il peut et ne peut pas manger, il vous appartient de lui inculquer de saines habitudes alimentaires le plus tôt possible. Remplacez les aliments riches en matières grasses et en sucres par des aliments riches en protéines afin d'équilibrer nutrition et calories dans une journée.

Montrez-lui quand, comment et où il peut manger

Limitez la consommation de nourriture à la cuisine et à la salle à manger. Invitez votre enfant à manger lentement et insistez pour qu'il prenne ses aliments dans une assiette ou un bol plutôt que directement sortis du réfrigérateur. Il est prouvé qu'en faisant une pause entre chaque bouchée, on permet à la sensation de satiété de parvenir au cerveau avant d'avoir mangé plus que nécessaire (ce processus prend vingt minutes).

Les solutions

À FAIRE

Proposez des activités agréables autres que manger

Découvrez ce que votre enfant aime faire, à part manger, et proposez-lui ces activités quand vous savez qu'il a mangé à sa faim. Montrez-lui qu'il existe des activités « délectables » autres que manger.

Gardez à la nourriture sa fonction

N'offrez pas toujours de la nourriture comme récompense ou comme cadeau afin de ne pas montrer à votre enfant que la nourriture sert à autre chose qu'à satisfaire la faim.

Espacez les repas de manière à ne pas affamer votre enfant au point qu'il engloutisse sa nourriture le moment venu

Surveillez les moments où votre enfant fait des excès

Cherchez les raisons de sa gloutonnerie en observant s'il se tourne vers la nourriture quand il s'ennuie, s'il voit les autres « bâfrer », s'il est en colère, triste ou qu'il recherche votre attention, ou s'il le fait simplement par habitude. Aidez-le à extérioriser ses sentiments en en parlant ou en jouant, par exemple, plutôt qu'en mangeant. Parlez avec lui des difficultés auxquelles il se heurte dans sa vie afin qu'il ne cherche pas à les résoudre au moyen de la nourriture.

Contrôlez vos propres habitudes alimentaires

Il est prouvé que c'est le modèle alimentaire familial que les enfants semblent copier le plus rapidement. Si les parents mangent toute la journée des aliments à calories inutiles, les enfants auront l'impression qu'ils peuvent faire de même.

Félicitez votre enfant quand il choisit des aliments sains

Vous pouvez déterminer les préférences de votre enfant simplement par le ton de votre voix et en l'encourageant à manger les aliments que vous voulez le voir privilégier. Chaque fois que votre enfant prend une orange au lieu d'une tablette de chocolat pour sa collation, dites : « C'est un très bon choix que tu as fait. Je suis content de voir que tu prends soin de toi en prenant une collation aussi délicieuse qu'une orange. »

Encouragez votre enfant à prendre de l'exercice

Souvent, les enfants obèses ne mangent pas plus que les autres, mais ils ne brûlent pas assez de calories. En hiver, proposez au vôtre des jeux physiques comme la danse ou le saut à la corde. En été, la natation, la marche, le base-ball et la danse sont non seulement excellents pour le développement physique de votre enfant, mais ils soulagent également sa tension, lui font prendre l'air et renforcent sa coordination et sa force. Votre participation aux exercices quels qu'ils soient leur conférera une allure de jeu plutôt que de travail exténuant.

Communiquez avec votre enfant

Assurez-vous que vous ne faites pas qu'encourager votre enfant à manger tous ses petits pois. Complimentez-le sur ses dessins, sur son choix de vêtements, sur le fait qu'il a rangé ses jouets, sur son habileté à laver son assiette afin de lui montrer qu'il retient votre attention pour des choses autres que manger et s'empiffrer.

À ÉVITER

Ne cédez pas à ses désirs

Ce n'est pas parce que votre enfant veut manger encore qu'il en a besoin, mais évitez de le culpabiliser. Expliquez-lui brièvement pourquoi il ne doit pas manger davantage car il est trop petit pour se raisonner lui-même.

Ne lui donnez pas uniquement des friandises quand il est triste

Votre enfant risque d'associer consolation et nourriture si vous lui en offrez constamment pour soulager sa peine.

Ne lui permettez pas de manger chaque fois qu'il regarde la télévision

Comme la publicité télévisée bombarde votre enfant de messages sur la nourriture, aidez-le à ne pas penser uniquement à la nourriture en limitant ses heures d'écoute.

Ne lui donnez pas d'aliments peu nutritifs comme collation

Les aliments permis pour la collation et les repas sont ceux que votre enfant attend de vous. Les préférences alimentaires sont souvent des habitudes acquises et non innées.

Ne vous moquez pas de votre enfant s'il est obèse

Vous ne feriez qu'aggraver son problème en renforçant son sentiment de culpabilité et sa honte.

« J'ai dit : "C'est assez !" »

À deux ans et demi, la petite Audrey avait la réputation, tant à la maternelle qu'à la maison, d'être un « puits sans fond ». Elle mangeait toute la nourriture qui lui tombait sous la main et ne semblait jamais repue.

« Non, tu n'auras pas un autre biscuit, Audrey », criait Mme Pomerleau à sa fille chaque fois qu'elle l'attrapait la main dans la boîte à biscuits. « Tu en as assez mangé pour le restant de tes jours ! » ajouta-t-elle un jour. Mais ni les crises de colère ni la menace de lui enlever son tricycle ne semblaient diminuer l'appétit vorace d'Audrey.

En consultant son pédiatre, Mme Pomerleau apprit comment modifier les habitudes alimentaires de sa fille. Audrey rede-

manda encore du porridge après que le médecin eut donné à sa mère un régime et des recettes. Mme Pomerleau avait désormais une réponse qui n'était ni furieuse ni insultante pour sa fille : « Je suis heureuse que tu aimes cela, Audrey. Tu en auras encore demain matin. Allons lire ton nouveau livre, maintenant », suggéra-t-elle. Sachant que la quantité qu'elle avait donnée à sa fille était suffisante, Mme Pomerleau pouvait plus facilement rester ferme quand Audrey lui redemandait de son mets préféré. En outre, elle pouvait planifier ses repas plus facilement puisqu'elle savait qu'elle privait simplement sa fille d'un aliment qu'elle voulait, mais dont elle n'avait pas besoin.

Le mois suivant, comme ses parents ne lui avaient pas accordé une quantité illimitée de biscuits, Audrey essaya de nouveaux aliments colorés et nutritifs dont elle pouvait manger à satiété. « Je suis contente que tu aies choisi une orange au lieu d'un biscuit pour ta collation », dit Mme Pomerleau qui avait compris qu'elle devait complimenter sa fille chaque fois qu'elle opterait pour un aliment sain.

Audrey se fit moins souvent traiter de « puits sans fond », et elle reçut davantage de câlins et de compliments quand elle mangeait des fruits plutôt que des bonbons, ce qui l'encourageait à manger des aliments sains pour la première fois de sa vie. Non seulement ses parents étaient ravis de partager des exercices et des jeux avec elle, mais ses amis et ses professeurs la trouvaient plus amusante.

LES ENFANTS QUI DISENT TOUJOURS NON

« Non » est sans doute le mot le plus populaire chez les enfants de un à trois ans parce qu'il est aussi le plus populaire chez leurs parents. Les bambins ont la réputation de toucher à tout et de mettre leur nez partout de sorte que les parents ont celle de dire « Non ! Ne touche pas à ça ! », « Non ! Ne fais pas ça ! ». Curieux de voir s'ils peuvent contrôler les événements et les gens, les bambins de deux et trois ans lancent aussitôt un « non » tonitruant quand on leur pose une question qui exige un oui ou un non. Évitez ce type de question afin de limiter les occasions qu'a votre enfant de dire non, et ne le prenez pas au mot s'il oppose un refus à toutes vos requêtes.

Les mesures préventives

Apprenez à connaître la personnalité de votre enfant

Si vous connaissez bien les besoins et désirs de votre enfant, vous saurez quand « non » veut dire oui et quand il veut vraiment dire non.

Réfléchissez avant de dire non

Évitez de dire non à votre enfant s'il vous importe peu qu'il fasse une chose ou non.

Limitez les questions exigeant un oui ou un non

Ne posez pas de questions susceptibles d'entraîner un non. Demandez à votre enfant quelle quantité de jus il veut, par exemple, et non s'il en veut. Si vous voulez qu'il monte dans la voiture, ne dites pas : « Veux-tu monter dans la voiture ? » mais bien « Nous montons dans la voiture maintenant » et faites-le !

Formulez vos refus différemment

Par exemple, dites « stop » plutôt que « non » quand votre enfant commet une action interdite, comme de toucher aux plantes.

Amenez votre enfant à cesser un comportement en y substituant un autre

Comme votre « non » vise habituellement à faire cesser un comportement, proposez un comportement de rechange à votre enfant. À un moment de calme, prenez votre enfant par la main, dites : « Viens ici, s'il te plaît ! » et attirez-le vers vous. Enlacez-le et dites : « Merci d'être venu. » Répétez cet exercice cinq fois par jour en augmentant petit à petit la distance entre votre enfant et vous jusqu'à ce qu'il vienne à vous quand vous l'appelez de l'autre extrémité de la pièce.

Les solutions

À FAIRE

Ne prêtez pas attention au non de votre enfant

Voyez le bon côté des choses et supposez qu'au fond, il veut dire oui. S'il ne veut vraiment pas le jus qu'il vient de refuser, par exemple, il ne le boira pas. Vous saurez très vite s'il est sérieux quand il dit non.

Accordez plus d'attention au oui qu'au non

Votre enfant apprendra très vite à dire oui si le fait d'acquiescer d'un signe de tête ou de dire oui vous fait sourire et attire vos compliments. Réagissez positivement en disant quelque chose comme : « Que c'est gentil d'avoir dit oui » ou « Je suis vraiment content que tu aies répondu oui à ta tante. »

Apprenez-lui à dire oui

Les enfants de plus de trois ans peuvent apprendre à dire oui si on le leur montre d'une façon méthodique. Essayez ceci : dites à votre enfant que vous voulez l'entendre dire oui. Puis, complimentez-le avec des phrases comme : « Que c'est agréable de t'entendre dire oui » ou « J'apprécie que tu dises oui ». Puis, ajoutez : « Je vais te demander un service, et je veux que tu dises oui avant que j'aie compté jusqu'à cinq. » S'il obtempère, félicitez-le pour son magnifique oui. Répétez cet exercice cinq fois par jour pendant cinq jours, et vous aurez un enfant beaucoup plus positif.

Laissez votre enfant dire non

Même s'il doit obéir à ce que vous voulez ou à ce qu'il doit faire, votre enfant a le droit de dire non. Quand vous voulez qu'il fasse quelque chose, mais qu'il refuse, expliquez-lui la situation. Exemple : « Je sais que tu ne veux pas ramasser tes crayons de couleur, mais quand tu auras fait ce que je t'ai demandé, tu pourras faire ce que tu veux. » De cette façon, votre enfant sait que vous l'avez entendu exprimer ses sentiments et que vous les prenez en considération, mais que vous n'en êtes pas moins le maître.

À ÉVITER

Évitez d'encourager votre enfant à dire non

En riant ou en attirant l'attention sur le fait que votre enfant dit souvent non, vous ne ferez que l'encourager dans cette voie puisqu'il aura l'espoir de susciter cette réaction chez vous.

Ne vous mettez pas en colère

Rappelez-vous que l'étape du non est normale chez un enfant d'âge préscolaire et qu'elle passera bientôt. En vous mettant en colère, vous accordez à l'enfant de l'attention parce qu'il dit non, et l'attention et le pouvoir sont justement ce qu'il recherche.

NORBERT LE NÉGATIF

Le mot préféré de Norbert, qui avait vingt mois, était celui que ses parents aimaient le moins entendre : non. Or, comme le petit Norbert répondait non à toutes les questions qu'on lui posait, ses parents se mirent à douter de ses capacités mentales. « Ne peux-tu pas dire autre chose que non ? » lui demandaient-ils. « Non », répondait le petit.

Par conséquent, les Gardner tentèrent de réduire le nombre de fois où ils prononçaient eux-mêmes ce mot pour voir si cela aurait une incidence sur le vocabulaire de leur fils. Ainsi, au lieu de dire : « Non, pas maintenant » quand Norbert demandait un biscuit, ils répondaient : « Oui, tu auras un biscuit quand tu auras mangé ton dîner. »

Même si, au fond, ils disaient toujours non, Norbert ne réagissait pas d'une manière négative à leur réponse : il mettait la parole de ses parents à l'épreuve et obtenait son biscuit aussitôt son repas terminé.

Plus ses parents substituaient des oui à leurs non, plus Norbert disait oui, ce qui lui valait aussitôt des sourires, des câlins et des félicitations de la part de ses parents ravis. « Merci d'avoir dit oui quand je t'ai demandé si tu voulais prendre un bain », lui disait sa mère. Ils étaient enchantés de voir que les non de leur fils diminuaient proportionnellement à la quantité de félicitations qu'il recevait pour ses oui.

Les Gardner tentèrent également de limiter le nombre de questions qui n'appelaient que oui ou non et qu'ils posaient à Norbert. Au lieu de lui demander s'il voulait boire quelque chose en mangeant, ils disaient : « Veux-tu du jus de pomme ou du lait, Norbert ? » et Norbert était tout heureux de faire son choix. Leurs efforts constituaient des moyens faciles de maîtriser le négativisme de leur fils, et l'atmosphère de la maison devint bientôt plus positive.

Les crises de colère

Des millions d'enfants d'âge préscolaire, normaux et adorables, piquent des crises car cela constitue leur manière violente et émotive d'extérioriser leur frustration ou leur colère et de dire au monde entier qu'ils sont les maîtres. Le remède ? On peut réduire la fréquence de ces crises et les prévenir sans donner au comédien un auditoire ni céder à ses caprices. Même si la tentation est forte de capituler ou de ramper sous le meuble le plus proche quand votre enfant pique une colère en public, armez-vous de patience jusqu'à ce qu'il ait fini et félicitez-le de s'être ressaisi dès qu'il sera calmé.

Nota : Les crises de larmes fréquentes et périodiques ne sont pas des crises de colère et doivent être traitées autrement. Adressez-vous à un spécialiste si votre enfant pique plus de deux ou trois crises journalières.

Les mesures préventives

Montrez à votre enfant comment exprimer sa frustration et sa colère

Montrez à votre enfant comment les adultes comme vous trouvent des façons d'exprimer leurs sentiments sans crier ni hurler. Si vous laissez brûler le ragoût, par exemple, au lieu de le jeter à la poubelle, dites : « Je suis contrarié maintenant, mon chéri, mais ce n'est pas grave. Je vais tenter de réparer ce gâchis en voyant quel autre plat je peux préparer pour le dîner. » Quelle que soit la situation, montrez à votre enfant comment examiner les solutions possibles à son problème au lieu de se laisser emporter.

Complimentez votre enfant

Essayez de faire remarquer à votre enfant quand il se conduit bien. Par exemple, s'il vous demande de l'aider à résoudre un casse-tête compliqué, félicitez-le : « Je suis très content que tu aies demandé mon aide au lieu de te mettre en colère. » En aidant votre enfant à affronter calmement sa frustration et sa colère, vous contribuez à rehausser son image de lui-même. Vous constaterez qu'il s'applique à résoudre calmement ses problèmes s'il sait que cela lui vaudra des éloges. Dites-lui que vous comprenez sa frustration : « Je comprends ce que tu ressens quand tout ne marche pas comme tu veux, et je suis vraiment fier de voir que tu es capable de garder ton calme. »

Ne laissez pas toujours votre enfant jouer seul

Si maman et papa s'en vont toujours quand il est sage, votre enfant risque davantage de se conduire mal simplement pour vous ramener vers lui à l'heure du jeu.

N'attendez pas qu'il vous appelle à l'aide

Si votre enfant semble aux prises avec des difficultés dans ses jeux ou à table, par exemple, n'attendez pas trop longtemps. Si vous constatez qu'il est incapable de prendre le dessus ou de résoudre sa situation, dites : « Je parie que ce morceau va ici » ou « Faisons comme ceci ». Montrez-lui comment faire avancer son jeu ou manger sa nourriture, puis laissez-le terminer la tâche afin qu'il soit fier de sa capacité à accepter l'aide des autres.

Les solutions

À FAIRE

Ne prêtez pas attention à la crise de votre enfant

Ne faites rien pour, avec ou à votre enfant pendant sa crise de colère. Montrez-lui que ce n'est pas le bon moyen d'attirer votre attention et de vous inciter à satisfaire ses désirs. Cependant, comment feindre d'ignorer une tornade qui souffle dans votre salon ? Éloignez-vous de votre enfant pendant sa crise, tournez-lui le dos, mettez-le dans sa chambre ou isolez-vous. S'il se montre violent envers lui-même ou envers les autres dans un endroit public, enfermez-le dans la voiture ou dans un autre endroit clos. Ne regardez même pas dans sa direction pendant son isolement. Même s'il est difficile de vous détourner, essayez de vous occuper dans une autre pièce ou de faire une autre activité si vous vous trouvez dans un endroit public.

Essayez d'être ferme

Malgré la puissance des cris et des coups de votre enfant, assurez-vous que vous dominez la situation en appliquant fermement la règle établie dans ces circonstances. Dites-vous qu'il est important que votre enfant apprenne qu'il ne peut pas toujours avoir ce qu'il veut quand il le veut. Il apprend à être réaliste et vous apprenez à être conséquent et à lui indiquer les limites d'un comportement acceptable et inacceptable.

Conservez votre calme autant que possible

Dites-vous : « C'est une bagatelle. Je peux maîtriser mon enfant tout en lui enseignant à se dominer. Il essaie seulement de me contrarier pour obtenir ce qu'il veut. » Conserver votre calme tout en ignorant votre enfant est le meilleur exemple que vous puissiez lui donner quand il est en colère. Donc, vaquez à vos occupations.

Félicitez votre enfant

Quand le feu d'une colère ne fait que couver, complimentez tout de suite votre enfant pour sa maîtrise de lui-même, puis entraînez-le avec vous dans un jeu ou une activité peu susceptible de vous frustrer ou de le frustrer, lui. Exemple : « Je me réjouis de voir que tu vas mieux maintenant. Je t'aime, mais je n'aime pas les cris et les hurlements. » Comme c'est là votre seule allusion à sa crise, il saura que ce n'est pas lui que vous faisiez semblant d'ignorer, mais sa crise.

Expliquez les changements de règles

Si vous vous trouvez avec votre enfant dans un magasin et qu'il vous demande un jouet qui lui était interdit auparavant, vous pouvez changer d'avis, mais vous devez aussi modifier votre message. Exemple : « Te rappelles-tu la dernière fois que nous sommes venus et où tu as piqué une colère ? Si tu te conduis comme il faut et restes près de moi, tu pourras avoir ce jouet. » Il comprendra ainsi que ce n'est pas sa crise qui vous a fait changer d'avis et que vous lui achetez le jouet pour une autre raison. Si le cœur vous en dit, donnez-lui cette raison, surtout si elle concerne sa bonne conduite.

À ÉVITER

Évitez de raisonner ou d'expliquer

Vous perdez votre temps en raisonnant votre enfant ou en l'incitant à se dominer *pendant* sa crise. Il n'en a cure : il est la vedette de son propre spectacle ! Toute discussion ne fera que l'encourager en lui donnant un auditoire.

Ne piquez pas de crise vous-même

Dites-vous : « Pourquoi ferais-je l'imbécile ? Je sais que j'avais une bonne raison de dire non. » Perdre votre sang-froid ne fera qu'encourager votre enfant à poursuivre le combat.

Ne rabaissez pas votre enfant

Ce n'est pas parce que votre enfant pique une crise qu'il est méchant. Ne dites pas : « Vilain garnement ! Tu n'as pas honte ? » Son amour-propre en prendra un coup et il aura l'impression qu'il ne méritait pas d'obtenir ce qu'il voulait, de toute façon.

Ne vous posez pas en historien

Évitez de rappeler sa crise à votre enfant plus tard dans la journée. Cela ne ferait que souligner ce comportement et augmenter les chances que votre enfant en pique une autre simplement pour que vous parliez de lui.

Ne faites pas payer sa crise à votre enfant

En ignorant votre enfant après sa crise, vous ne feriez que l'inciter à piquer de nouvelles colères pour attirer votre attention. Ne lui donnez pas l'impression de ne pas être aimé ni apprécié, alors que c'est son comportement qui ne l'est pas.

L'HEURE DE LA CRISE

Donald et Marie Girard se faisaient du mauvais sang au sujet de la petite Annie, âgée de deux ans, qui souffrait d'une grave crise de « colérite » chaque fois qu'ils lui refusaient le biscuit qu'elle demandait avant le dîner. Quand ses parents disaient non, elle hurlait « oui », se pendait aux jambes de son père et sautait sur le plancher de la cuisine jusqu'à ce que les deux parents, affolés, finissent par céder d'épuisement.

Les Girard se sentaient impuissants et se demandaient où « le bât blessait ». Était-ce terriblement méchant d'opposer un refus aux exigences d'Annie ? Finalement, ils se rendirent compte que les crises d'Annie étaient plus fréquentes quand ils lui disaient non. Ils comprirent également que céder à son désir incontrôlable de manger un biscuit avant le dîner ne faisait qu'encourager sa mauvaise conduite.

À la crise suivante, ils avaient élaboré une nouvelle stratégie. Quand Annie explosa, sa mère, au lieu de refuser carrément, dit à sa fille, mine de rien : « Annie, je sais que tu veux un biscuit, mais tu dois d'abord te calmer et terminer ton dîner. »

Annie continua sa crise mais ses parents plantèrent là leur enfant en colère qui, du coup, se trouva privée d'un auditoire. Même s'ils mouraient d'envie de jeter un coup d'œil sur l'enfant, les Girard attendirent qu'elle se calme avant de revenir dans la cuisine. Privée d'attention physique et verbale, Annie avait cessé de pleurnicher et attendait de voir si ses parents mettraient leurs bonnes résolutions en pratique.

Quand elle se tut, son père vint à elle et lui dit en souriant : « Annie, je sais que tu veux un biscuit maintenant, mais quand tu auras mangé ton dîner, tu en auras un comme dessert. Je suis content de voir que tu ne cries plus et que tu arrives à te dominer. » Annie mangea calmement son dîner et, comme promis, ses parents lui donnèrent un biscuit.

Ce soir-là, les Girard se félicitèrent de la maîtrise dont ils avaient fait preuve en refusant de céder aux caprices d'Annie et de lui servir de public. Bien qu'ils fussent tentés de capituler de nouveau quelque temps après, ils continuèrent de laisser leur fille seule pendant ses crises et de la féliciter chaque fois qu'elle demeurait calme face à un refus. Ses crises diminuèrent réellement : Annie, qui pleurait de déception de temps à autre, ne piquait plus les crises puériles qui l'avaient caractérisée dans le passé.

Les jérémiades

De même que les adultes sont souvent de mauvaise humeur sans raison aucune, tous les enfants ou presque semblent n'avoir aucune bonne raison de se lamenter ou de se montrer grincheux. Si tous les besoins de votre enfant sont comblés (sa couche est sèche, il a mangé, etc.) et qu'il agit de la sorte, c'est qu'il veut obtenir votre attention ou imposer sa volonté. Pour ardu que ce soit, ignorer le geignard contribue à réduire ses gémissements. Votre enfant apprendra très vite une règle importante : demander gentiment ce que l'on veut est plus efficace que se montrer grincheux et peu loquace.

Les mesures préventives

Signalez-lui quand il est sage

Complimentez votre enfant chaque fois qu'il se comporte bien et réussit à faire les choses comme il faut afin de l'empêcher de se lamenter sur le fait qu'il ne fait jamais rien de bon.

Comblez ses besoins

Assurez-vous que votre enfant mange, se lave, s'habille, dort et reçoit quantité de câlins aussi régulièrement que possible pour l'empêcher de devenir grincheux parce qu'il n'est pas bien et trop contrarié par une situation pour exprimer ses sentiments sans pleurer.

Les solutions

À FAIRE

Faites le point sur les jérémiades

Assurez-vous que votre enfant sait exactement ce que vous entendez par « se lamenter » quand vous lui ordonnez de cesser de le faire. Expliquez-lui ensuite que vous voulez qu'il demande ou exprime sans geindre ce qu'il veut. Exemple : « Tu n'auras pas de jus de pomme tant que tu ne le demanderas pas gentiment. Voici comment je voudrais que tu le demandes : "Maman (ou papa), puis-je avoir du jus de pomme, s'il te plaît ?" » Si votre enfant ne parle pas encore, montrez-lui qu'il doit pointer du doigt ce qu'il veut ou vous y conduire. Laissez-le s'exercer à demander des choses d'une manière plaisante au moins cinq fois tandis que vous accédez à ses demandes afin de prouver ce que vous avancez.

Désignez un endroit pour geindre et pleurer

Si votre enfant continue de geindre même après que vous lui avez enseigné comment exprimer ses désirs gentiment, dites-lui qu'il a le droit d'éprouver des sentiments et des frustrations que seuls les pleurs peuvent soulager. Dites-lui qu'il peut pleurer et gémir autant qu'il veut, mais uniquement dans la « chambre des pleurs », en l'occurrence un endroit que vous aurez désigné à cette fin. Expliquez-lui que vous préférez éviter la compagnie d'un geignard et d'un pleurnichard qui est incapable de demander ce qu'il veut, et qu'il pourra sortir quand il aura fini. Exemple : « Je regrette que tu sois contrarié. Tu peux aller dans la chambre des pleurs et revenir quand tu te sentiras mieux. »

Ne prêtez pas attention aux jérémiades de votre enfant

Comme les jérémiades sont vraiment énervantes, il se peut que vous accordiez plus d'attention à votre enfant quand il se lamente que quand il est calme, même si votre attention à ce moment-là n'est pas affectueuse. Portez des écouteurs si ses lamentations dépassent votre seuil de tolérance après avoir assis votre enfant sur la « chaise des pleurs » et lui avoir permis d'extérioriser sa frustration ou de s'apitoyer sur sa dure journée.

Soulignez les moments où votre enfant ne se plaint pas

Pour créer un puissant contraste entre vos réactions face aux jérémiades et à leur absence, félicitez votre enfant dès qu'il se calme en disant : « Tu es si gentil, allons chercher un jouet ! » ou « Cela fait si longtemps que je ne t'ai pas entendu pleurer ! » ou « Merci de ne pas te lamenter ».

À ÉVITER

Ne cédez pas aux caprices d'un enfant qui geint

En prêtant attention à votre enfant quand il se lamente, soit en lui parlant soit en lui cédant, vous lui montrez qu'il peut obtenir ce qu'il veut par des jérémiades.

Ne vous lamentez pas vous-même

Les récriminations des adultes peuvent passer pour des jérémiades aux yeux de votre enfant. Si vous vous lamentez, votre bambin se croira autorisé à vous imiter. Si vous êtes de mauvaise humeur, ne vous fâchez pas sur lui parce que vous êtes en colère contre le monde entier. Dites-lui simplement que vous n'êtes pas dans votre assiette, mais ne vous lamentez pas.

Ne vous fâchez pas sur votre enfant

Évitez de vous fâcher simplement parce que votre enfant n'est pas en forme, car non seulement il prendra vos éclats pour de l'attention, mais encore votre colère lui donnera l'impression de vous dominer. Il risque de continuer à geindre simplement pour vous montrer que c'est lui qui mène le jeu.

Ne punissez pas sans arrêt les pleurs et les jérémiades

La vieille réplique « Je vais te donner une raison de pleurer » ne fait que créer un conflit entre votre enfant et vous. Celui-ci croira qu'il ne faut jamais pleurer et éprouvera un sentiment de culpabilité face à sa mauvaise humeur. Laissez-le pleurer et gémir dans certaines limites parce que pleurer est peut-être sa seule façon d'exprimer ses frustrations, surtout s'il ne parle pas encore.

N'oubliez pas que tout finit par passer

Votre enfant n'est peut-être pas en forme ce jour-là ou il traverse une période où rien ne semble lui plaire. Il passe son temps à se lamenter sur la vie en général, mais bientôt, il se sentira de nouveau en harmonie avec son univers. Dites-vous que « cela passera » et efforcez-vous de lui rendre la vie la moins frustrante possible en le félicitant chaque fois qu'il se conduit bien.

LA « CHAISE DES JÉRÉMIADES »

Dès l'instant où Marthe, une enfant de trois ans, ouvrait les yeux jusqu'à celui où elle les fermait, elle était une tornade constante de jérémiades : « Maman, j'veux manger ! Maman, qu'est-ce qu'y a à la télé ? Maman, où est-ce qu'on va ? Maman, prends-moi, maman ! »

Mme Bélanger s'efforçait de ne pas entendre le tintamarre de sa fille et cédait à ses caprices pour avoir la paix, mais ses jérémiades et ses pleurnicheries commençaient à lui taper sur les nerfs jusqu'à ce qu'un jour, elle lui crie à tue-tête : « Marthe ! Arrête tes jérémiades. Elles m'horripilent ! »

Comme ses propres hurlements ne contribuaient qu'à renforcer ceux de sa fille, Mme Bélanger comprit qu'elle devait trouver un autre moyen de couper court aux lamentations de Marthe. Elle décida de mettre en pratique une version du « temps mort », technique qu'elle s'efforçait d'utiliser chaque fois que sa fille se conduisait mal.

« Voici la chaise des jérémiades », dit-elle à sa fille le lendemain, alors que celle-ci avait déjà commencé à se lamenter comme d'habitude. « Je regrette que tu te lamentes en ce moment. Quand tu auras fini, tu pourras descendre de la chaise, et nous jouerons avec tes poupées », déclara-t-elle en asseyant sa fille sur la chaise qu'elle avait décidé d'employer à cette fin. Puis elle s'éloigna, bien décidée à n'accorder aucune attention à sa fille.

Quand Mme Bélanger n'entendit plus rien, elle revint vers sa fille et la félicita d'avoir cessé de geindre : « J'adore cela, quand tu ne te lamentes pas. Allons jouer maintenant ! »

Quand elle constata que sa fille effectuait au moins dix haltes quotidiennes sur la « chaise des jérémiades », elle décida d'aller plus loin et de montrer à Marthe comment éviter cette punition. « Si tu me le demandes sans te lamenter, je te donnerai du jus de fruit », lui expliqua-t-elle ce jour-là. Elle lui donna l'exemple : « Maman, puis-je avoir du jus, s'il te plaît ? » Marthe mettait ces instructions en pratique quand elle voulait quelque chose à boire ou à manger ou qu'elle souhaitait un jouet que ses jérémiades l'empêchaient d'obtenir auparavant.

Bien que Marthe ne cessât jamais complètement de geindre (sa mère se rendit compte qu'elle le faisait encore parfois quand elle n'était pas en forme), Mme Bélanger apprécia davantage sa relation avec sa fille.

LES RÉPONSES INSOLENTES

Quand des réponses insolentes (sarcasmes, reparties et remarques déplaisantes) jaillissent de la bouche de votre enfant jadis si angélique, vous prenez douloureusement conscience de sa capacité à répéter les mots (bons et mauvais) qu'il entend et à contrôler son univers grâce à eux. Or, comme c'est toujours auprès des autres qu'il apprend ses réponses insolentes (comme tout le langage, du reste), vous devez limiter les occasions qu'il a d'entendre des mots déplaisants. Surveillez la télévision, ses amis et votre propre langage afin d'éliminer de son vocabulaire les remarques insolentes.

Les mesures préventives

Parlez à votre enfant comme vous voulez qu'il vous parle

Montrez à votre enfant comment utiliser le langage que vous voulez entendre : « Merci », « S'il te plaît » et « Je regrette ». Expliquez-lui aussi que ce n'est pas toujours ce qu'il dit mais la façon dont il le dit qui est insolente.

Définissez ce que vous considérez comme une réponse insolente

Afin de réagir avec pertinence au langage de plus en plus diversifié de votre enfant, vous devez vous demander si ses propos sont insolents ou si c'est sa façon de les tenir qui vous blesse. Vous pouvez établir les distinctions suivantes : les sarcasmes, les injures, les réponses criées et les refus provocateurs sont des réponses insolentes ; de simples refus comme « Je ne veux pas » sont des jérémiades tandis que les questions comme « Suis-je obligé de le faire ? » sont des opinions.

Surveillez ses amis, les médias et votre propre langage

Prenez note des mots que vous, vos amis, les camarades de votre enfant, les membres de la famille et les personnages de la télévision laissent échapper afin d'exposer votre enfant le moins possible aux réponses insolentes.

Les solutions

À FAIRE

Usez le mot

Faites en sorte que votre enfant en ait assez d'employer le mot que vous jugez insolent afin qu'il ne le prononce plus dans le feu de la bataille. Demandez-lui de répéter le mot offensant pendant une minute pour chaque année d'âge afin de lui faire perdre son pouvoir : « Je regrette que tu aies dit ce mot. Je vais régler le minuteur, et tu le répéteras jusqu'à ce qu'il sonne. Quand tu entendras la sonnerie, tu pourras cesser de dire le mot. »

Faites semblant de ne pas avoir entendu la réponse insolente

Prêtez le moins d'attention possible aux insolences qui sont inoffensives. En faisant comme si l'événement ne s'était pas produit, vous retirez à l'insolent tout le pouvoir qu'il pourrait avoir sur vous ainsi que le plaisir d'être insolent parce que c'est un jeu qu'il n'est pas amusant de jouer seul.

Félicitez votre enfant quand il parle bien

Montrez à votre enfant le genre de mots que vous préférez le voir utiliser en soulignant les cas où ses réponses ne sont pas insolentes : « J'apprécie que tu ne me répondes pas en criant quand je te pose une question. C'est très gentil à toi. » Expliquez-lui que c'est souvent la manière dont il dit un mot qui est insolente. Dites : « Cela m'est égal » d'une voix furieuse, puis d'une voix agréable afin de lui donner un exemple.

À ÉVITER

Ne jouez pas à « J't'ai eu ! »

Puisque vous savez que c'est en vous répondant d'une manière insolente que votre enfant cherche à vous dominer, ne lui répondez pas de cette façon vous-même. Il peut trouver amusant de constater qu'il peut vous mettre en colère ou obtenir votre attention en se montrant insolent, mais vous ne voulez pas encourager cette attitude.

Ne lui apprenez pas à répondre insolemment

Répondre à votre enfant en criant ne fera que lui montrer l'exemple. Bien qu'il soit difficile de ne pas crier quand on crie sur nous, enseignez le respect à votre enfant en le respectant vous-même. Soyez poli avec lui, comme s'il était votre invité.

Ne punissez pas sévèrement les réponses insolentes

Gardez vos punitions les plus sévères pour les comportements vraiment répréhensibles et nuisibles pour lui et pour les autres. Les réponses insolentes sont, au pire, agaçantes. Rien ne prouve qu'on enseigne le respect aux enfants en les punissant pour leur manque de respect. Les punitions enseignent la peur, non le respect.

L'insolence de Patrick

Chaque fois que Mme Lorrain demandait à Patrick, son fils de quatre ans, de faire quelque chose, comme ramasser ses jouets ou ranger le beurre dans le frigidaire, il criait : « Non ! Je t'aime pas ; je le ferai pas ! » Patrick devint si expert en réponses insolentes et en violence verbale que chaque fois qu'on lui posait une question, il répondait d'un ton furieux comme s'il avait oublié comment répondre poliment.

« Tu ne me parleras pas sur ce ton-là ! » criait son père à Patrick, accentuant ainsi le tumulte qui régnait dans la famille.

Dès que les Lorrain comprirent qu'en usant de sarcasmes et en lui répondant sur le même ton ils donnaient l'exemple à leur fils, ils s'efforcèrent de réagir calmement à son insolence et de louer toute réaction calme de sa part. « C'est gentil à toi de nous répondre d'une manière si agréable », lui dirent-ils la première fois qu'il répondit : « D'accord » quand ils lui demandèrent de ranger ses jouets.

Il leur fut de plus en plus facile de dominer leur colère car ils remarquèrent tous deux que Patrick criait de moins en moins ; en outre, quand il se montrait impertinent, ils faisaient la sourde oreille.

Cependant, comme Patrick répétait le mot « idiot » sans arrêt dans l'espoir d'attirer l'attention, ses parents décidèrent de l'amener volontairement à « user ce mot ». « Dis "idiot" pendant quatre minutes », lui commandèrent-ils. Patrick répéta ce mot le plus rapidement possible pendant deux minutes et fut incapable de continuer. Au grand ravissement de ses parents, il le raya à jamais de son vocabulaire.

Les insultes

Nos petits linguistes en herbe mettent à l'épreuve le pouvoir des insultes afin de faire savoir au monde entier qu'ils sont les maîtres et peuvent parler comme tels. Sachant que votre enfant mesure la force du mot autant que son effet, montrez-lui que les insultes ne causeront jamais tout le tort qu'il croit. Réagissez-y calmement afin de diminuer l'influence que leur prête votre enfant. En outre, aidez-le à mettre en pratique ce que vous prônez quand il se fait insulter à son tour ; il verra que ce petit jeu verbal n'est pas très amusant quand on le joue seul.

Les mesures préventives

Attention aux sobriquets

Évitez de donner à votre enfant des sobriquets que vous ne voudriez pas qu'il donne à d'autres. C'est une chose que d'appeler quelqu'un « Ma petite poupée » mais c'en est une autre que de dire « Mon petit diable ».

Montrez à votre enfant comment réagir aux insultes

Proposez-lui des réactions à adopter s'il se fait insulter : « Si ton ami t'insulte, dis-lui que tu ne peux pas jouer avec lui s'il t'insulte. »

Déterminez ce qu'est une insulte

Dites à votre enfant quels sont les noms qu'il ne doit pas employer avant qu'il ne puisse lui-même connaître les mots « permis » et les mots « interdits ».

Les solutions

À FAIRE

Envoyez l'enfant au « temps mort »

Interrompez ces jeux pour un laps de temps précis afin de lui montrer que, quand il se conduit mal, il perd ses chances de jouer. Exemple : « Je regrette que tu aies prononcé ce mot. Temps mort. » (Lire les détails sur le « temps mort » à la page 19.)

Usez l'insulte

Une fois usée, une insulte est moins palpitante. Asseyez votre enfant sur une chaise et ordonnez-lui de répéter l'insulte sans arrêt (pendant une minute par année d'âge). En cas de refus (des milliers d'enfants de caractère indépendant refusent de le faire), obligez-le à demeurer assis tant qu'il n'aura pas obéi, quel que soit le temps qu'il faudra.

Remarquez ses mots gentils

Félicitez votre enfant quand il ne dit pas d'insulte pour lui montrer quel langage vous approuvez ou désapprouvez.

Soyez conséquent dans vos réactions

Chaque fois que votre enfant profère une insulte, ayez la même réaction afin de lui montrer que vous ne jouerez jamais à ce jeu-là. Exemples : « Je regrette que tu aies lancé cette insulte. Tu vas devoir aller au temps mort maintenant» ou «Maintenant, tu dois user le mot».

À ÉVITER

Ne donnez pas le mauvais exemple

Comme il est très irritant de se faire insulter, il est tentant de répondre par l'insulte à l'enfant. Exemple : «Espèce d'idiot ! Tu devrais avoir assez de bon sens pour ne pas dire des insultes. » En parlant ainsi, vous donnez à votre enfant la permission d'employer les mêmes insultes que vous. Canalisez votre rage en lui expliquant la raison de votre colère afin de lui montrer les cas où ses paroles ou ses actes vous rendent heureux ou malheureux et la façon dont vous voulez qu'il réagisse quand il a envie d'insulter quelqu'un.

Ne punissez pas sévèrement les insultes

Si vous punissez votre enfant, il lancera ses insultes quand vous ne pourrez pas l'entendre. En punissant sévèrement une mauvaise conduite, vous ne faites qu'enseigner à votre enfant à ne pas se faire prendre. Le comportement puni ne disparaît pas ; il devient simplement caché.

« CE N'EST PAS GENTIL ! »

Maurice et Hélène Gendron demeurèrent interdits la première fois qu'ils entendirent leur précieuse Sarah, âgée de quatre ans et demi, traiter ses amis d'« idiots », d'« imbéciles » et, pire encore, de «crottes de chien». Comme eux-mêmes n'employaient jamais ces termes à la maison, ils se demandaient où leur fille les avait appris, et ils ne savaient vraiment pas à quel saint se vouer.

« N'insulte pas les gens, Sarah, ce n'est pas gentil ! » disaient-ils chaque fois que leur fille proférait une insulte, mais sans succès. En fait, Sarah se mit même à injurier ses parents qui, du coup, lui chauffèrent les fesses, mais sans résultat aucun.

Enfin, Mme Gendron eut recours à une autre tactique : elle se mit à surveiller les jeux de sa fille plus étroitement pendant la journée et à remarquer les moments où elle se conduisait bien.

« Comme vous vous amusez bien aujourd'hui, mes chéries », souligna-t-elle en voyant que Sarah et Marie, sa cousine, habillaient leurs poupées.

Toutefois, quand Marie voulut emmener la poupée de Sarah faire un tour dans la voiture bleue, Sarah cria : « Idiote, tu sais très bien que c'est ma voiture. »

Sans se départir de son calme, Mme Gendron informa aussitôt les fillettes qu'elle allait les séparer : « Je suis désolée que tu aies traité ta cousine d'idiote, dit-elle à sa fille. Temps mort. »

Ayant passé quatre minutes (une pour chaque année d'âge) sur la chaise réservée au temps mort, Sarah comprit très vite que sa mère ne plaisantait pas : ses jeux seraient interrompus et elle serait ignorée si elle injuriait quiconque. Elle comprit que mieux valait obtenir l'approbation de ses parents et amis, et cessa peu à peu d'insulter les autres.

LES INTERRUPTIONS

Parce que le bien le plus précieux des enfants d'âge préscolaire est l'attention parentale, ils font tout leur possible pour ramener cette attention sur eux quand le téléphone, une tierce personne ou la sonnerie de la porte d'entrée la leur ravit. Limitez les tours que vous joue votre enfant pour obtenir toute votre attention en réservant des jouets spéciaux aux moments où vous bavardez avec ses rivaux. Ils garderont votre enfant occupé sans vous tandis que vous vous occuperez sans lui.

Les mesures préventives

Limitez la durée de vos conversations

Sachant que l'aptitude de votre enfant à retarder les gratifications est plutôt limitée, soyez un parent prudent en écourtant vos conversations quand votre enfant est près de vous et inactif, et qu'il sollicite votre attention.

Exercez-vous au jeu du téléphone

Montrez à votre enfant ce que c'est que de ne pas interrompre. Exercez-vous à l'aide de deux téléphones jouets. Dites : « Voici comment je parle au téléphone et voici comment tu t'amuses pendant ce temps-là. »

Laissez ensuite votre enfant parler au téléphone pendant que vous devenez l'observateur. Votre enfant comprend ainsi en quoi consiste une interruption tout en apprenant par quels comportements la remplacer.

Édictez des règles sur les jeux du téléphone

Placez du matériel et des jouets spéciaux dans un tiroir situé près du téléphone (laissez les enfants de plus de deux ans les choisir eux-mêmes). Quand vous êtes au téléphone, insistez pour que votre enfant joue avec ces jouets-là pendant que vous le surveillez et lui accordez une attention visuelle et verbale en lui souriant et en le félicitant parce qu'il s'amuse bien. Comme la peinture avec les doigts ou à l'eau, la crème à raser et les marqueurs magiques, par exemple, sont des jouets exigeant une surveillance chez les enfants d'âge préscolaire, votre enfant ne devrait y avoir accès que si vous le surveillez. En choisissant les jouets réservés aux conversations téléphoniques, demandez-vous si votre enfant peut jouer avec eux sans surveillance afin de limiter les interruptions nécessitées par ses jeux.

Les solutions

À FAIRE

Félicitez votre enfant quand il s'amuse sagement et ne vous interrompt pas

Si votre enfant reçoit de l'attention (sourires, félicitations, etc.) quand il est sage et ne vous interrompt pas, il n'éprouvera pas le besoin ou le désir d'interrompre votre conversation pour placer son mot. Excusez-vous auprès de votre interlocuteur et dites à votre enfant : « C'est gentil à toi de jouer si sagement avec ta poupée. Je suis très fier que tu t'amuses toute seule. »

Intégrez votre enfant à vos activités

Essayez de le faire participer à votre conversation quand une amie vous rend visite, par exemple, afin de réduire ses chances de vous interrompre pour manifester sa présence.

À ÉVITER

Évitez de vous mettre en colère et de crier sur votre enfant s'il vous interrompt

Ne l'encouragez pas à vous interrompre en lui donnant le mauvais exemple.

Évitez d'interrompre vous-même votre enfant ou les autres

Même si votre enfant est un véritable moulin à paroles, montrez-lui que vous mettez en pratique ce que vous préconisez en évitant de l'interrompre quand il parle.

Appliquez la règle de grand-mère

Indiquez à votre enfant que vous serez bientôt tout à lui et qu'il peut mériter votre attention en s'amusant pendant qu'il vous attend. Limitez votre conversation au moyen du minuteur; dites à votre enfant qu'il pourra vous parler après la sonnerie : « Quand tu auras joué deux minutes avec tes jouets et que le minuteur sonnera, j'aurai fini de parler au téléphone, et je jouerai avec toi. »

Réprimandez votre enfant et envoyez-le au « temps mort »

Réprimandez-le ainsi : « Cesse de m'interrompre. Je ne peux pas parler avec mon amie si tu m'interromps constamment. Au lieu de me déranger, joue avec tes voitures. » S'il continue, envoyez-le au « temps mort » afin de lui ôter toute possibilité d'obtenir une attention immédiate en vous interrompant. Exemple : « Je regrette que tu continues de m'interrompre. Temps mort. » (Lire les détails sur le « temps mort » à la page 19.)

« *Pas maintenant, Élisabeth* »

Chaque fois que le téléphone sonnait, la petite Élisabeth, âgée de trois ans, interrompait la conversation de sa mère en réclamant un jus de fruit ou un jouet rangé trop haut, ou en lui demandant : « Où est-ce que nous allons aujourd'hui ? » Tout en voulant répondre à sa fille, Mme Lacombe lui expliquait calmement chaque fois : « Chérie, maman est au téléphone. Ne m'interromps pas, s'il te plaît. »

Or, comme Élisabeth continuait son manège, Mme Lacombe lui cria un jour : « Cesse de m'interrompre ! Méchante fille ! » en donnant à sa fille une tape sur les fesses pour qu'elle se taise. Or cette tape n'eut d'autre résultat que de faire enrager Élisabeth qui se mit à pousser des hurlements si violents que sa mère dut raccrocher.

Plus sa mère criait, plus Élisabeth l'interrompait. Mme Lacombe finit par comprendre cette relation de cause à effet et par l'inverser. Désormais, elle accorderait de l'attention à sa fille lorsqu'elle s'abstiendrait de l'interrompre et non le contraire.

Le lendemain, quand son amie Simone téléphona pour son bavardage habituel du lundi matin, Mme Lacombe l'informa qu'elle ne pouvait pas lui parler car elle jouait avec sa fille, une règle qu'elle avait établie afin de réduire les risques que celle-ci interrompe sa conversation téléphonique.

Comme elle expliquait sa nouvelle ligne de conduite à son amie, elle remarqua que sa fille s'amusait avec son casse-tête. « Merci de ne pas m'avoir interrompue », lui dit-elle en l'enlaçant. Élisabeth se mit à jouer avec les jouets que sa mère avait placés près du téléphone exprès pour ces moments-là. Ils la fascinaient tout particulièrement parce qu'ils s'appelaient « jouets du téléphone » et qu'elle pouvait jouer avec eux seulement quand sa mère parlait au téléphone.

Quand elle eut raccroché, Mme Lacombe félicita de nouveau sa fille : « Merci de ne pas m'avoir interrompue pendant que je parlais à Simone de notre dîner de ce soir, expliqua-t-elle. Elle voulait une recette de pain de viande, ajouta-t-elle. Tiens, tu peux dessiner avec ces marqueurs, si tu veux, quand je suis au téléphone. »

Lorsque le téléphone sonna de nouveau, un sourire d'anticipation plutôt qu'un air malicieux se peignit sur le visage d'Élisabeth. « Élisabeth, le téléphone sonne. Prends les jouets du téléphone », proposa Mme Lacombe. Élisabeth courut prendre les marqueurs, et un compliment de temps en temps l'aida à demeurer occupée sous l'œil attentif de sa mère pendant toute la durée de sa conversation.

Les comportements agressifs

Tels des éléphants dans un magasin de porcelaine, beaucoup de petits dynamos de moins de six ans lancent des jouets ou se précipitent contre les cibles les plus proches sous le coup de la frustration ou de la colère, ou simplement par exubérance. Pourquoi ? Parce que le raisonnement ou le compromis ne comptent pas parmi leurs méthodes de résolution de problèmes et que lancer des livres ou des jouets ne leur semble pas plus méchant que lancer des balles. Éduquez votre enfant en lui apprenant à bien s'entendre avec les autres. Expliquez-lui brièvement (même s'il n'a qu'un an) les comportements qui sont (in-)acceptables (interdits : frapper, mordre, lancer, taquiner ; permis : embrasser, enlacer, parler), et pourquoi ils le sont. Appliquez ces règles d'une manière ferme et constante afin de le guider sur la voie des comportements acceptables, et non sur celle de la destruction de soi-même et des autres.

Nota : Si le comportement agressif de votre enfant est une constante dans ses jeux quotidiens avec les autres et perturbe ses amis, sa famille et vous-même, adressez-vous à un spécialiste pour découvrir ce qui se cache derrière sa frustration et sa colère.

Les mesures préventives

Surveillez étroitement ses jeux

Pour empêcher que votre enfant n'apprenne avec ses amis à se comporter agressivement, surveillez la façon dont ses amis et lui prennent soin de leurs jouets. Ne laissez pas leurs comportements agressifs entraîner des blessures et des dommages. Traitez les écarts de conduite des amis de votre enfant comme vous traiteriez les siens.

N'enseignez pas un comportement agressif

Traitez vos biens comme vous voulez que vos enfants traitent les leurs. Par exemple, en frappant et en lançant des objets sous le coup de la colère, vous apprenez à votre enfant à être agressif quand il est lui-même en colère.

Relevez les coups et les morsures perpétrés par un tiers

À un moment neutre, expliquez à votre enfant comment une personne se sent quand on la mord ou la frappe pour qu'il comprenne qu'un comportement agressif est désagréable pour chacun.

Les solutions

À FAIRE

Dites à votre enfant par quoi il peut remplacer les coups

Quand votre enfant manifeste de l'agressivité, suggérez-lui des comportements autres que les coups. Dites-lui qu'il peut demander de l'aide ou dire : « Je ne joue plus », et quitter le groupe pour une minute. Faites-lui répéter ces phrases cinq fois après lui avoir expliqué le sens des mots et la façon de les employer.

Félicitez votre enfant quand il s'entend bien avec les autres

Définissez ce comportement en exprimant à votre enfant que vous appréciez sa façon de partager ses jouets, d'attendre son tour ou de demander votre aide. Dites simplement : « C'est bien de partager avec tes amis, mon chéri » et soyez précis dans vos félicitations. Plus vous félicitez, plus le comportement collectif ou individuel est amical.

Faites-lui des réprimandes

Réprimandez votre enfant pour qu'il comprenne que vous n'interrompez pas un comportement sans raison et que vous le croyez capable de comprendre pourquoi vous y avez mis fin. Une réprimande comprend trois parties : l'ordre d'arrêter (« Cesse de donner des coups ! »), un comportement de rechange (« Si tu es en colère, quitte le groupe ») et le motif de l'interruption (« Les coups font mal ! »). Si votre enfant continue d'être agressif, réitérez la réprimande en y ajoutant la commande « Temps mort ! ».

Oubliez l'incident quand il est terminé

En rappelant à votre enfant son agressivité passée, vous ne lui apprenez pas à ne pas être agressif, vous lui rappelez simplement qu'il pourrait l'être de nouveau.

À ÉVITER

N'employez pas l'agressivité contre l'agressivité

En frappant votre enfant, vous ne faites que lui donner la permission de frapper dans certaines situations.

Ne vous fâchez pas quand votre enfant donne des coups

Vous lui laisseriez entendre qu'il peut se servir de son agressivité pour vous dominer.

LES MORSURES DE MARIO

À l'âge de vingt-deux mois, Mario, à force de s'exercer sur ses deux frères aînés qui le taquinaient sans merci, s'était taillé une réputation de « mordeur » dans le quartier. Mme Boiron menaçait son benjamin dans l'espoir de voir cesser ce comportement agressif : « Si tu n'arrêtes pas de mordre, je te chaufferai les fesses », disait-elle, tout en sachant fort bien qu'elle ne mettrait jamais sa menace à exécution.

Les incessantes taquineries des deux aînés, respectivement âgés de trois et cinq ans, semblaient la laisser indifférente ; en fait, la famille tout entière avait coutume de plaisanter à propos de tout et, pour elle, les taquineries de ses fils prouvaient qu'ils étaient capables de rire d'eux-mêmes. Or, son mari ne voyait pas les choses du même œil : « Songe à ce que doit ressentir Mario à force de se faire taquiner parce qu'il est le bébé », lui dit-il unjour.

Bien qu'elle se refusât à l'admettre, Mme Boiron n'avait jamais songé au problème du point de vue de son fils : lui-même taquinait en mordant parce qu'il ne pouvait pas se défendre contre les attaques verbales de ses frères. Elle décida d'interdire toute forme d'agression chez les trois garçons : dorénavant il serait interdit de mordre, de donner des coups, de taquiner et de lancer des objets. C'était la seule façon, se dit-elle, de montrer aux aînés comment donner l'exemple et d'inciter Mario à choisir la sorte de jeu qui lui vaudrait de l'attention et des éloges.

Le lendemain, Mario se mit, comme à l'habitude, à mordre ses frères qui l'avaient traité de « petite peste ». Mme Boiron commença par réprimander Mario : « Cesse de mordre. On mord les pommes, pas les gens. Les morsures font mal », dit-elle calmement mais fermement. Elle réprimanda également ses frères : « Cessez de le taquiner. Les taquineries sont blessantes », expliqua-t-elle.

Comme les réprimandes ne suffisaient pas à couper court aux attaques physiques et verbales des garçons, Mme Boiron poursuivit : « Je regrette que vous vous mordiez et vous taquiniez mutuellement. Temps mort. » Puis, elle les assit tous trois sur des chaises pendant un moment avant de les renvoyer à leurs jeux.

Comme Mme Boiron appliquait sa discipline avec constance et félicitait ses fils chaque fois que l'harmonie régnait entre eux, ils apprirent les conséquences des comportements agressifs et des comportements amicaux : ceux-ci leur valaient des récompenses et la vie était bien plus belle quand on ne passait pas son temps seul sur une chaise. Mario mordit de moins en moins car il n'avait plus besoin de se défendre contre les taquineries de ses frères.

LES PETITS TOUCHE-À-TOUT

Comme ils démarrent tout juste dans la vie, c'est de la tête aux pieds que les petits de un an ressentent la joie d'explorer. Si on ne leur impose pas de limites, ils touchent à tout et à tout le monde, qu'ils rampent ou marchent. Votre bambin ne sait pas automatiquement ce qui est défendu et ce qui est permis bien qu'à partir de deux ans, il puisse établir cette distinction pour peu que vous lui mettiez les points sur les *i*. Tout en restreignant les aventures de vos petits vagabonds, gardez en tête que vous voulez trouver un équilibre, pendant toutes les années préscolaires (et les suivantes), entre laisser votre enfant exprimer une curiosité normale et saine, et lui montrer les comportements acceptables et inacceptables à la maison et à l'extérieur.

Les mesures préventives

Faites de votre maison une maison sans danger pour les enfants

En gardant les portes fermées, en limitant l'accès à certains endroits et en surveillant votre jeune itinérant, vous limitez le nombre de fois où vous avez à dire non dans une journée et rendez la vie moins dangereuse pour vous et votre enfant. Les enfants de moins de trois ans ne comprennent pas pourquoi ils ne peuvent pas aller où ils veulent, surtout qu'ils s'efforcent d'établir leur indépendance et de laisser leur empreinte dans le monde. (Voir l'annexe I, page 176, pour en savoir davantage sur les maisons sans danger pour les enfants.)

Déterminez ce qu'il peut toucher

Décidez de ce qu'il peut toucher et montrez-lui le plus tôt possible que c'est différent du reste. Exemple : « Tu peux jouer ici ou là, mais pas dans le bureau de papa. »

Mettez les objets délicats à l'abri

Un enfant de un, deux ou trois ans ne fait pas la différence entre un vase précieux et un vase peu coûteux. Ne prenez pas de risque et rangez hors de sa portée les objets qu'il ne doit pas toucher, jusqu'à ce que ses petites mains et sa petite tête cessent de vouloir s'emparer de tout malgré vos interdictions.

Expliquez le code d'accès aux zones interdites

Expliquez à votre enfant dans quelles conditions il peut pénétrer dans les zones interdites car toute défense absolue d'entrer dans une pièce ou de traverser la rue, par exemple, exacerbera son désir de le faire. Exemple : « Tu peux entrer dans le bureau de maman, mais seulement en compagnie de maman ou d'un autre adulte. »

Les solutions

À FAIRE

Faites-lui des réprimandes

Réprimandez toujours votre enfant pour la même faute afin de lui montrer que vous ne plaisantez pas. Exemple : « Ne va plus dans cette pièce ! Je regrette de voir que tu y as joué ; tu sais que c'est une zone interdite. Tu dois demander à maman de t'accompagner si tu veux aller dans cette pièce. »

Envoyez votre enfant au « temps mort »

Si votre enfant grimpe à plusieurs reprises sur la table de la cuisine (et que cela lui est interdit), réprimandez-le encore et encore et envoyez-le au « temps mort » afin de renforcer ce rappel. (Lire les détails sur le « temps mort » à la page 19.)

Soulignez les moments où votre enfant obéit aux règles

Dites à votre enfant que vous êtes fier de lui quand il se souvient de ne pas toucher à certains objets. Ces éloges récompenseront son comportement en lui accordant de l'attention et stimulera son désir de bien se conduire. Exemples : « Que c'est gentil à toi de jouer à l'endroit où tu es censé le faire » ou « Merci de ne pas monter sur la table du salon ».

Apprenez à votre enfant à toucher avec les yeux, mais non avec les mains

Dites à votre enfant qu'il peut regarder un bijou, un vase ou une peinture, par exemple, avec ses yeux, mais non avec ses mains. Cela lui laisse la liberté d'explorer l'objet convoité d'une manière limitée et contrôlée.

À ÉVITER

Ne rendez pas les interdictions plus attrayantes

Si vous vous mettez en colère quand votre enfant transgresse une règle, il comprendra qu'il peut attirer votre attention en se conduisant mal et sera davantage enclin à faire de mauvais coups.

Ne le punissez pas sévèrement

Utilisez les réprimandes et le « temps mort » car ils ne blesseront pas l'amour-propre de votre enfant pas plus qu'ils ne le porteront à croire qu'il lui suffit de casser quelque chose pour obtenir votre attention.

« NE TOUCHE PAS À ÇA ! »

« La curiosité est un vilain défaut » avait coutume de dire la mère de Mme Sirois à sa fille quand celle-ci grimpait sur les meubles défendus. Aujourd'hui, c'est au tour de son fils de quinze mois, Martin, d'explorer les lampes et les plantes qu'on lui a interdit de toucher. Mme Sirois a beau savoir qu'il ne le fait pas exprès et qu'il se comporte comme un enfant normal, elle juge déplacée et peu disciplinée la curiosité de son fils.

« Non, ne touche pas à ça ! » crie-t-elle, en donnant une tape sur la main de son fils chaque fois qu'il touche à des objets interdits.

Mme Sirois se rendit compte que Martin commettait tous ses méfaits derrière son dos car il avait appris à éviter les conséquences de sa curiosité illicite. Par conséquent, elle entreprit de mettre sous clé autant d'objets que possible, de ranger les objets fragiles hors de sa portée et de demeurer auprès de son fils autant qu'elle le pouvait.

« Touche avec tes yeux et non avec tes mains », lui enjoignit-elle un matin où son fils, particulièrement actif, avait entrepris de vider son coffret à bijoux, qu'elle avait omis de ranger sur l'étagère du haut. Elle déplaça le coffret et ramena son fils à la cuisine où ils s'amusèrent tous deux à sortir les casseroles du

placard. Ils jouèrent aussi avec la boîte munie d'une serrure et plusieurs autres jouets propres à stimuler l'imagination et la curiosité de l'enfant. Ces jouets convenaient à un petit de l'âge de Martin qui pouvait à son gré les démonter et essayer de les détruire.

Dès qu'elle eut mis à portée de son fils des objets avec lesquels il avait le droit de s'amuser, la maison des Sirois devint plus sûre. Consciente qu'elle devait continuer à surveiller son petit curieux de fils, Mme Sirois ne lui en accorda pas moins une plus grande liberté puisque sa maison était sans danger pour les enfants.

Elle savait que Martin apprenait les « règles » du jeu quand il s'empara d'un sac de farine avec lequel il ne devait pas jouer et dit : « Non ! À maman, pas toucher. » Pour récompenser sa bonne conduite, sa mère lui tendit une boîte de riz fermée qu'il adorait secouer comme un hochet.

LES ENFANTS QUI CASSENT TOUT

Les enfants d'âge préscolaire ignorent la limite entre les jeux ravageurs et les jeux créatifs tant que les parents ne la leur précisent pas clairement. Par conséquent, avant que votre enfant ait un an, fixez-lui des limites en lui indiquant (et en lui montrant) ce qu'il peut et ne peut pas peindre, déchirer et mettre en morceaux, par exemple, afin d'empêcher votre artiste en herbe d'endommager sans le vouloir vos biens et ceux d'autrui. Montrez-lui à être fier de ses biens et de ceux des autres et à en prendre soin tout en le laissant exprimer sa créativité aux endroits et moments propices : sur du papier à dessin et non sur le papier peint ou avec un téléphone jouet démontable et non votre vrai téléphone.

Les mesures préventives

Offrez à votre enfant des jouets assez solides pour être démontés sans être détruits

Les enfants d'âge préscolaire ont naturellement tendance à démonter et à remonter les objets, qu'ils se prêtent ou non à ce type d'activité. Comblez votre enfant de jouets interactifs (jeux de construction, jeux avec poussoirs) plutôt que passifs (comme le piano dont on ne sait pas jouer) afin de l'orienter vers le type de jeux créatifs avec lesquels vous souhaitez le voir jouer.

Donnez-lui des vieilleries

Fournissez-lui des tas de vieux vêtements et de papier avec lesquels il pourra fabriquer des objets en papier mâché, se déguiser, peindre et se livrer à d'autres activités afin qu'il n'emploie pas de matériaux neufs et coûteux pour mener à bien ses projets innocents.

Édictez des règles précises concernant le soin des jouets

Comme les enfants ignorent la valeur des objets ou la manière de jouer avec certains d'entre eux, faites le point sur les journaux et les livres. Exemples : « Ton album à colorier est le seul objet sur lequel tu peux utiliser tes crayons de couleur. Rien d'autre. » Ou : « Il ne faut pas déchirer les livres. Si tu veux déchirer quelque chose, dis-le-moi, et je te donnerai ce qu'il faut. » Ou : « Cette pomme en cire ne se coupe pas et ne se mange pas comme une vraie pomme. Si tu veux une vraie pomme, je t'en donnerai une. »

Surveillez les jeux de votre enfant

Jetez de temps à autre un coup d'œil sur votre enfant pendant qu'il joue car vous ne pouvez attendre de lui qu'il prenne soin des choses comme vous le feriez.

Soyez conséquent face au jeu et à la destruction

N'introduisez pas de confusion chez votre enfant et ne l'incitez pas à mettre sans cesse les règles à l'épreuve en le laissant détruire un objet qu'il ne devrait pas détruire. Il ne saura plus à quoi s'attendre et ne comprendra pas que vous lui gâchiez son plaisir en le punissant pour une action autrefois permise.

Rappelez-lui qu'il doit prendre soin de ses jouets

Augmentez vos chances de réduire la destruction au minimum en félicitant votre enfant quand il prend soin de ses jouets. Cela lui rappellera la règle, renforcera son amour-propre et le rendra fier de ses biens.

Les solutions

À FAIRE

Surcorrigez le gâchis

Si votre enfant a plus de deux ans, apprenez-lui à prendre soin de ses affaires en l'obligeant à nettoyer avec vous les dégâts qu'il a occasionnés. Si, par exemple, votre enfant a barbouillé le mur, il doit effacer non seulement ses marques, mais nettoyer tous les murs de la pièce. Cette correction excessive des dégâts lui inculquera un sentiment de propriété et lui apprendra non seulement à prendre soin des choses mais également à nettoyer les murs !

Faites-lui des réprimandes

Si votre enfant a moins de deux ans, réprimandez-le brièvement (dites-lui ce qu'il a fait, pourquoi c'était mal et ce qu'il aurait dû faire) afin qu'il comprenne pourquoi il est privé de son plaisir.

Envoyez votre enfant au « temps mort »

Si, ayant été réprimandé une fois, votre enfant détruit de nouveau quelque chose, réitérez la réprimande et envoyez-le au « temps mort ». (Lire les détails sur le « temps mort » à la page 19.)

À ÉVITER

N'ayez pas d'attentes trop élevées

Si votre enfant casse quelque chose, ne faites pas de crise. Votre colère lui laisserait croire que vous vous souciez davantage de vos biens que de lui. Assurez-vous que votre déception face à l'objet détruit n'est pas disproportionnée avec l'incident.

Évitez les punitions sévères

Si les activités de votre enfant ne présentaient aucun danger, montrez-lui comment prendre soin de ses affaires au lieu d'insister sur sa bévue.

THOMAS LA TERREUR

M. et Mme Pomerleau connaissaient le caractère « démolisseur » de leur fils de trois ans bien avant que l'éducatrice de la maternelle les convie à un entretien à son sujet. Ils auraient pu lui décrire les œuvres au crayon rouge qui ornaient le papier peint fleuri de la salle à manger ou la mosaïque qu'il avait fabriquée avec les pages de leurs livres reliés.

« Quand cesseras-tu de tout détruire ? » cria M. Pomerleau en donnant une fessée à son fils avant de l'expédier dans sa chambre. La gardienne venait de les informer que Thomas avait dessiné sur le plancher pendant que ses parents étaient à la maternelle. Ils durent le punir de nouveau une heure plus tard en découvrant que leur rejeton avait déchiré trois livres d'images pendant qu'il était dans sa chambre.

Ils décidèrent de faire payer à leur fils indiscipliné le prix de son comportement ravageur. Quand ils découvrirent Thomas en train de déchirer les pages d'un livre, ils se gardèrent bien de le menacer ou de le corriger. « Maintenant, tu devras réparer ce livre, Thomas », déclarèrent-ils. Ils prirent leur fils par la main, lui tendirent le ruban adhésif et l'aidèrent à couper les morceaux qu'il fallait pour recoller le livre.

Non seulement Thomas dut réparer ce livre-là, mais il passa les trois ou quatre jours suivants à laver les murs, à gratter les marques de crayon sur le sol et à recoller des cartes qui présentaient quelques déchi-

rures ici et là, toutes activités qu'il ne répéta jamais plus après avoir payé le prix de sa mauvaise conduite.

Chaque fois qu'il endommageait quelque chose, ses parents lui expliquaient ce qu'il pouvait et ne pouvait pas déchirer. Ayant passé plusieurs jours à apprendre qu'il était tout aussi responsable que ses parents des biens familiaux, Thomas se mit à mériter toute l'importance qu'on lui accordait. Il rayonnait de fierté quand ses parents le félicitaient pour la manière dont il prenait soin de ses livres, de ses disques et de ses animaux en peluche, et rougissait de honte quand il retombait dans ses vieilles habitudes de casse.

Même si le comportement de Thomas devenait moins violent, ses parents ne s'attendaient pas à ce qu'il prenne le même soin de ses jouets qu'eux-mêmes de leurs jouets d'adultes, mais ils donnaient l'exemple à leur fils afin de lui montrer qu'ils mettaient leurs principes en pratique.

LE VOL

Comme tout appartient à l'enfant d'âge préscolaire tant qu'on ne lui a pas dit que ce n'était pas le cas, il n'est jamais trop tôt pour lui apprendre à ne pas s'approprier les biens d'autrui sans approbation. Les parents sont la conscience de leur enfant tant qu'ils n'ont pas développé la sienne. Donc, chaque fois que votre enfant prend des objets qui ne lui appartiennent pas, appliquez la règle afin qu'il sache ce qui est permis, maintenant et quand il quittera le nid familial.

Les mesures préventives

Édictez des règles

Encouragez votre enfant à vous dire ce qu'il veut et montrez-lui comment le demander. Déterminez ce qu'il peut ou ne peut pas prendre dans les endroits publics et chez les autres, et donnez-lui les règles du jeu. La première règle pourrait se formuler ainsi : « Tu dois toujours me demander la permission avant de prendre quelque chose. »

Soyez conséquent

Ne laissez pas votre enfant prendre quelque chose à l'épicerie un jour pour le lui interdire la fois suivante. Vous ne réussiriez qu'à introduire chez lui de la confusion alors qu'il tente de décider par lui-même de ce qu'il peut ou ne peut pas s'approprier.

Indiquez-lui ce que vous entendez par « voler »

Indiquez à votre enfant la différence entre emprunter et voler, et les conséquences de chacune de ces actions, afin de vous assurer qu'il sait ce que vous entendez par : « Tu ne dois pas voler. »

Faites-lui payer ce qu'il vole

Pour l'aider à comprendre le coût du vol, obligez votre enfant à réparer son méfait en exécutant des travaux dans la maison ou en renonçant à un de ses objets favoris. Exemple : « Je regrette que tu aies pris un objet qui ne t'appartenait pas. Pour cela, tu dois céder un de tes jouets. » Le bien cédé pourrait servir, plusieurs mois plus tard, à récompenser la bonne conduite de l'enfant.

Obligez votre enfant à rendre les objets volés

Dites à votre enfant qu'il ne peut garder les objets qui ne lui appartiennent pas ou qu'il a empruntés sans permission. Obligez-le à les rendre lui-même (accompagnez-le au besoin).

Utilisez le « temps mort »

Si votre enfant prend un objet qui ne lui appartient pas, indiquez-lui qu'il doit être isolé des gens et des activités parce qu'il a enfreint la règle. Exemple : « Je regrette que tu aies pris un objet qui ne t'appartenait pas. Temps mort. » (Lire les détails sur le « temps mort » à la page 19.)

À ÉVITER

Ne vous posez pas en historien

Ne rappelez pas son méfait à votre enfant. Toute évocation du passé ne contribuera qu'à lui enseigner à se conduire mal et non le contraire.

N'étiquetez pas votre enfant

Ne le traitez pas de voleur, par exemple, car il risquerait d'adopter le comportement conforme à cette étiquette.

Ne demandez pas à votre enfant s'il a dérobé quelque chose

Vous l'encourageriez à mentir. « Je sais que je serai puni, se dira-t-il. Pourquoi ne pas mentir pour m'éviter ce désagrément ? »

N'hésitez pas à fouiller votre enfant

Si vous le soupçonnez d'avoir dérobé quelque chose, fouillez-le. Appliquez la règle si vous découvrez qu'il a commis un vol. Exemple : « Je regrette que tu aies pris un objet qui n'était pas à toi » et appliquez les règles de la rubrique « À faire ».

LE PETIT VOLEUR À L'ÉTALAGE

M. et Mme Bilodeau n'avaient jamais enfreint la loi ni fait de prison, et ils ne voulaient pas que le petit Serge, âgé de quatre ans, se retrouve derrière les barreaux, lui non plus. Or s'il continuait à dérober du chewing-gum, des bonbons, des jouets et tout ce qu'il convoitait quand il faisait des courses avec ses parents, ceux-ci se demandaient (assez sérieusement) s'il n'allait pas finir en prison.

« Ne sais-tu pas qu'il est interdit de voler ? » criait Mme Bilodeau à son fils quand elle le prenait la main dans le sac, en claquant des

mains et en le traitant de mauvais garnement. Elle finit par craindre de faire des courses avec son fils car elle appréhendait l'embarras que lui causait la correction qu'elle se sentait obligée de lui infliger.

Mais Serge était totalement inconscient des raisons qui interdisaient le vol. Les Bilodeau se rendirent compte que leur fils ne comprenait pas que prendre ce qui ne lui appartenait pas n'était pas un jeu. Ils lui expliquèrent donc la situation en termes clairs.

« Serge, on ne prend pas les choses sans les payer, commença M. Bilodeau. Tu peux me demander du chewing-gum et, si je suis d'accord, tu pourras prendre le paquet et le tenir jusqu'à ce que nous le payions. Faisons un exercice. »

Serge était ravi car, quand il obéissait à la règle et demandait du chewing-gum, ses parents le félicitaient et payaient la friandise.

Quand il tenta de dérober une tablette de chocolat sans l'avoir d'abord demandée à sa mère, celle-ci appliqua la seconde règle en lui faisant « payer » le coût de son méfait. « Parce que tu as pris cette tablette de chocolat, annonça-t-elle à son fils tout en revenant dans le magasin, tu devras céder la friandise-jouet qui se trouve dans ton épicerie à la maison. »

Malgré les protestations outrées de son fils, elle lui retira le jouet qu'il adorait. « Pour mériter que je te rende ton jouet, lui expliqua-t-elle sur le chemin du retour, tu devras suivre les règles en demandant d'abord la permission et en ne prenant pas ce qui n'est pas payé. »

Après avoir félicité leur fils qui obéissait aux règles depuis plusieurs semaines, ses parents lui rendirent sa friandise-jouet et se sentirent rassurés quant à l'avenir de leur vif et gai bambin.

La possessivité

L'expression « c'est à moi » est le mot de passe qu'utilisent les enfants d'âge préscolaire pour se rappeler mutuellement (et rappeler aux adultes) qu'ils sont les propriétaires de leur monde et sont assez importants pour jouir de droits territoriaux quand et comme ils le veulent. Malgré les conflits que cette vilaine expression suscite dans tous les foyers où vivent des enfants de moins de cinq ans, la possessivité survivra tant que les enfants ne seront pas prêts à l'abandonner (entre trois et quatre ans). Assurez la paix de votre foyer avant, et après, que votre enfant puisse conclure un accord sur ce qui est à lui et ne l'est pas en lui enseignant les règles universelles du partage. Appliquez ces règles à la maison, mais armez-vous de patience. Ne vous attendez pas à ce que votre enfant les suive à la lettre tant qu'il n'aura pas appris à partager de lui-même, signe merveilleux qu'il est prêt à élargir ses horizons.

Les mesures préventives

Assurez-vous que certains jouets sont la propriété exclusive de votre enfant

Avant de pouvoir abandonner l'expression « c'est à moi » et ce qu'elle implique, les enfants d'âge préscolaire doivent avoir l'occasion de posséder des biens.

Par exemple, mettez de côté ses jouets favoris ou sa « doudou » afin qu'il n'ait pas à les partager avec les amis qui viennent jouer chez vous. Votre enfant aura ainsi un certain territoire bien à lui.

Montrez à votre enfant que vous partagez avec vos amis

Montrez-lui qu'il n'est pas le seul au monde à devoir partager ses biens. À des moments neutres (où il n'est pas question de partage), donnez-lui des exemples de la façon dont vous et vos amis partagez vos affaires : « Marie a emprunté mon livre de recettes aujourd'hui » ou « Charles a emprunté ma tondeuse à gazon ».

Expliquez ce qu'est partager et à quel point vous appréciez qu'il le fasse

Félicitez votre enfant chaque fois qu'il laisse un tiers regarder ses jouets ou les lui emprunter afin de rendre le partage aussi attrayant que possible à ses yeux. Exemple : « Je me réjouis de voir que tu partages ton jouet en le prêtant à ton ami pour une minute. »

Étiquetez certains jouets (ceux des jumeaux et des enfants de même âge)

Ne confondez surtout pas l'ourson en peluche de votre enfant avec celui de sa sœur ou de son frère, par exemple, s'ils sont identiques. Inscrivez le nom de l'enfant sur chaque ourson ou identifiez chacun par un bout de fil pour que l'enfant sente que tous ses biens n'appartiennent pas aussi à son frère ou à sa sœur.

Édictez des règles concernant le partage

Avant l'arrivée de ses amis, dites à votre enfant ce que vous attendez de lui dans les jeux de groupe. Par exemple, enseignez-lui la règle suivante : « Quand tu déposes un jouet, n'importe qui peut le prendre, mais quand tu l'as dans la main, tu peux le garder. »

Comprenez que votre enfant partage peut-être plus facilement ailleurs

Il se peut que votre enfant joue un rôle plus passif quand il ne se trouve pas sur son territoire et se montre plus possessif et plus agressif quand il est chez lui.

Rappelez-vous que le partage est une étape liée au développement

Apprendre à partager est un accomplissement qu'on ne peut pas forcer. Les enfants de trois ou quatre ans commencent en général à partager d'eux-mêmes sans qu'on le leur demande.

Les solutions

À FAIRE

Surveillez les jeux des petits de un et deux ans

Comme on ne peut pas attendre des tout-petits qu'ils partagent, surveillez leurs jeux de près afin d'aider à résoudre les conflits liés au partage : ils sont trop jeunes pour les résoudre sans aide.

Réglez le minuteur

Quand deux enfants se chamaillent au sujet d'un jouet, apprenez-leur comment fonctionne le partage. Dites à l'un des enfants que vous allez régler le minuteur et que, quand il sonnera, l'autre enfant pourra prendre le jouet. Utilisez le minuteur tant qu'ils ne se seront pas lassés du jouet (deux sonneries plus tard, en général).

Envoyez les jouets au « temps mort »

Si un jouet entraîne des conflits parce qu'un enfant refuse de le partager, mettez-le au « temps mort », hors de la portée des enfants. Ainsi, il ne causera pas d'ennuis. Exemple : « Ce jouet nous cause des ennuis ; il doit aller au "temps mort". » Si les enfants continuent de se chamailler à son sujet quand vous le leur rendez, ôtez-le-leur de nouveau afin de bien montrer que, s'ils refusent de partager un jouet, personne ne l'aura. (Lire les détails sur le « temps mort » à la page 19.)

À ÉVITER

Ne vous mettez pas en colère

Rappelez-vous que votre enfant apprendra les règles du partage quand il le pourra, mais pas si vous l'y forcez. Quand votre enfant partagera de lui-même, vous saurez que le moment est venu !

Ne punissez pas votre enfant s'il refuse à l'occasion de partager

Retirez le jouet convoité plutôt que de punir votre enfant s'il lui arrive occasionnellement de ne pas vouloir partager. Vous placez ainsi le poids du blâme sur le jouet plutôt que sur l'enfant.

APPRENDRE LE PARTAGE

Le petit Marc, qui a trois ans, sait ce que veut dire le mot « partager » : cela veut dire qu'il ne peut pas prendre autant de jouets qu'il le veut quand son ami François vient jouer avec lui.

« Tu dois partager tes jouets ! » lui dit sa mère après une autre journée où Marc s'était cramponné au plus grand nombre de jouets possible en disant « c'est à moi » chaque fois que sa mère lui ordonnait de les partager.

« Je vais donner tous tes jouets aux enfants pauvres », menaça sa mère un jour en corrigeant son fils jusqu'à ce qu'il accepte en pleurnichant de prêter ses jouets.

Ce soir-là, après avoir couché Marc, Mme Lavoie dit à son mari : « Marc ignore comment partager », jetant ainsi un nouvel éclairage sur le problème. Elle et son mari décidèrent tout de go d'enseigner à leur fils le sens précis du partage.

Un jour où Marc attendait l'arrivée de ses deux cousins, Mme Lavoie le prit à part et lui dit : « Marc, voici la règle concernant le partage. Tout le monde peut jouer avec n'importe quel jouet tant que personne ne l'a dans les mains. Si Michel, Marie ou toi tenez un jouet, par exemple, personne ne peut vous l'enlever. Chacun ne peut jouer qu'avec un jouet à la fois. » Mère et fils décidèrent ensuite quels jouets Marc ne supportait pas de prêter et les mirent de côté afin qu'ils ne causent pas de conflit pendant la visite des cousins.

Mme Lavoie fut tendue pendant les quelques heures qui suivirent, mais Marc semblait plus décontracté. Il commença par prendre un seul jouet et laissa ses cousins choisir les leurs dans le coffre à jouets. « Je suis très fière de te voir partager ainsi tes jouets », lui dit sa mère qui surveillait l'opération.

Comme elle s'éloignait pour préparer le déjeuner, le cri familier « c'est à moi » la ramena dans la salle de jeux. Marie et Marc étaient en train d'écarteler la nouvelle poupée parlante. « Ce jouet nous cause des ennuis, dit Mme Lavoie mine de rien, il doit aller au "temps mort". » Tous les enfants n'en crurent pas leurs yeux quand ils virent la pauvre poupée sur la chaise réservée au « temps mort », l'air aussi piteux qu'un chien indiscipliné. Deux minutes plus tard, Mme Lavoie rendit la poupée aux enfants qui l'avaient oubliée depuis longtemps et s'amusaient avec des blocs.

Au fil des semaines, les enfants s'amusaient ensemble et les « temps morts » étaient de moins en moins nécessaires pour restaurer la paix, surtout depuis que Marc était plus enclin à laisser « ses » jouets être les « leurs » à l'heure du jeu.

LE REFUS DE SE LAVER

Depuis les shampooings doux pour bébé jusqu'aux couches jetables, une panoplie de produits rendent le bain, le changement de couches et le lavage des cheveux de bébé aussi acceptables que possible tant pour les enfants d'âge préscolaire que pour leurs parents. Les fabricants de ces produits savent pertinemment que les enfants n'aiment pas se laver. Aussi ne pensez pas que vous êtes seul aux prises avec le rinçage et le trempage. Essayez de rendre la toilette moins fastidieuse en divertissant votre enfant (chantez-lui des chansons, racontez-lui des histoires) et en le félicitant chaque fois qu'il collabore avec vous (même s'il ne fait que vous passer le savon).

Nota : Faites la différence entre les produits qui irritent votre enfant physiquement (lui brûlent-ils les yeux ?) et mentalement (est-ce qu'aucun savon ne fait l'affaire ?) en discernant si ses protestations vous disent autre chose que le simple fait qu'il n'aime pas se laver. Le cas échéant, remplacez les produits irritants pour la peau par des produits recommandés par des spécialistes.

Les mesures préventives

Faites un compromis quant au moment et à l'endroit de la toilette

Essayez de faire des compromis avec votre enfant sur les questions comme l'endroit où vous changez sa couche (sur le canapé, debout) ou le moment où vous lui lavez les cheveux. Soyez souple afin que votre enfant ne manque pas sa promenade favorite ou une émission de télévision que vous approuvez simplement parce que vous lui lavez les cheveux ou que vous voulez changer sa couche.

Faites participer votre enfant

Aidez votre enfant à participer à sa toilette ou au changement de couches. Demandez-lui de vous apporter les objets qu'il peut transporter, en fonction de son âge, de son niveau d'aptitude et de sa capacité à suivre des instructions. Quand il prend son bain, laissez-le choisir son jouet ou sa serviette favorite, par exemple, afin de lui donner le sentiment qu'il a son mot à dire.

Préparez votre enfant à l'événement à venir

Prévenez-le un peu à l'avance avant de lui donner un bain, par exemple, pour faciliter la transition entre le jeu et le bain. Exemples : « Quand le minuteur sonnera, ce sera l'heure de prendre ton bain », « Dans quelques minutes, nous changerons ta couche » ou « Quand nous aurons fini ce livre, tu prendras ton bain ».

Préparez le nécessaire avant de commencer

Si votre enfant est trop jeune pour vous assister dans cette tâche, assurez-vous d'avoir toutes vos munitions sous la main avant d'entreprendre la « guerre » de la toilette. Vous pourrez ainsi amorcer le processus sans retard inutile.

Adoptez une attitude positive

Votre enfant devinera votre appréhension si vous annoncez l'heure du bain comme une condamnation et se dira que c'est vraiment aussi horrible qu'il le croyait puisque cela vous inquiète aussi. Comme votre attitude est contagieuse, adoptez-en une que vous voulez le voir imiter.

Les solutions

À FAIRE

Demeurez calme et ne faites pas attention aux cris

Votre calme est contagieux. Si vous ne faites pas attention à ses cris, votre enfant apprendra que les décibels n'ont pas de pouvoir sur vous, ce dont il ne se doute pas en refusant de se laver ou d'être changé. Dites-vous : « Je sais que mon enfant doit être changé. Moins je m'occuperai de ses cris, plus vite j'aurai terminé. »

Prenez plaisir à sa toilette

Parlez et jouez avec votre enfant pendant qu'il se débat en lui chantant des comptines pour distraire son attention. Exemples : « Chantons "À la ferme de Mathurin" » ou « Je parie que tu n'arriveras pas à attraper ce bateau et à le faire chavirer ». Contentez-vous d'un monologue si votre enfant est trop jeune pour participer verbalement à vos efforts.

Encouragez-le à vous aider et noyez-le sous un flot de félicitations

Demandez-lui de laver son ventre, de se frotter avec le savon ou d'ouvrir la couche (si vous en avez le temps) pour lui donner le sentiment de contrôler son hygiène personnelle. Même la plus infime collaboration mérite des éloges. Faites mousser les mots d'encouragement : plus votre enfant obtient de l'attention quand il se comporte comme vous le voulez, plus il continuera à bien se comporter pour attirer vos éloges. Exemples : « Tu réussis très bien à mettre le shampooing dans tes cheveux », « C'est gentil à toi de rester assis dans la baignoire » ou « J'apprécie que tu restes étendu si gentiment pendant que je change ta couche ».

Appliquez la règle de grand-mère

Dites à votre enfant que quand il se sera plié à vos exigences (pris son bain, par exemple), il pourra faire ce qu'il demande (entendre une histoire). Exemples : « Quand tu sortiras de ton bain, je te lirai une histoire » ou « Quand nous aurons terminé, tu pourras jouer ».

Persévérez

Au milieu des coups de pied, des hurlements et des cris, rappelez-vous que vous avez l'intention d'aller jusqu'au bout. Quand votre enfant verra que ses cris ne vous empêchent pas de le « décrasser », il comprendra qu'il a intérêt à adopter la voie de la moindre résistance.

Dites à votre enfant qu'il est beau et qu'il sent bon

Invitez-le à se regarder dans un miroir afin de lui rappeler pourquoi il faut prendre un bain ou changer sa couche. En apprenant à être fier de lui-même, votre enfant d'âge préscolaire intégrera parmi ses priorités le désir d'être propre.

À ÉVITER

N'exigez pas sa collaboration

Ce n'est pas parce que vous voulez changer la couche de votre enfant, par exemple, qu'il restera étendu sans bouger pendant que vous vous exécutez. En outre, votre brutalité ne ferait que lui enseigner à être brutal, lui aussi.

Faites en sorte que la toilette ne soit pas pénible

Fournissez à votre enfant une serviette pour s'essuyer les yeux, une eau à la bonne température ou un peignoir dans lequel il peut s'envelopper, par exemple, pour rendre sa toilette aussi agréable que possible.

Ne renoncez pas

Ne vous découragez pas simplement parce que votre enfant vous résiste. Votre persévérance viendra à bout de sa résistance.

UN OCÉAN DE PLAISIRS

Carole et Philippe Fortier baignaient leur fille de deux ans, Alice, et lui lavaient les cheveux comme la plupart des parents qu'ils connaissaient le faisaient, du moins le croyaient-ils. Mais leur fille n'était sûrement pas normale car elle hurlait et se débattait pendant tout le temps que durait sa toilette. Aucun des amis des Fortier ne s'était plaint de ce problème qu'eux-mêmes n'avaient jamais eu avec leur fille aînée, Hélène, âgée de quatre ans.

Sachant qu'ils ne pouvaient pas tout bonnement renoncer à laver leur fille, M. et Mme Fortier imaginèrent des façons de rendre la toilette plus attrayante pour elle, le pédiatre les ayant rassurés quant à l'innocuité des savons, de l'eau et des serviettes qu'ils employaient. « N'y a-t-il rien qu'elle aime dans la toilette ? » avait-il demandé.

Comme la seule activité aquatique qui plaisait à leur fille consistait à nager dans la mer pendant les vacances, les Fortier décidèrent de baptiser la baignoire « Un océan de plaisirs », bien que M. Fortier fût d'avis qu'une discipline plus sévère s'imposait.

Le lendemain soir, les Fortier mirent leur stratégie à l'épreuve. Ils commencèrent par régler le minuteur à l'heure où il serait temps d'aller à l'« océan ». L'été, ils avaient coutume d'utiliser un minuteur pour indiquer le moment où ils se rendraient au vrai océan car Alice ne tenait pas en place. Ils espéraient que cette discipline donnerait de bons résultats à la maison aussi. « Quand le minuteur sonnera, ce sera l'heure de jouer au nouveau jeu », dit Mme Fortier à Alice le premier soir. « Finissons cette histoire en attendant. »

Dès la sonnerie du minuteur, Alice et sa mère réunirent les serviettes et le savon tandis que la première posait mille questions sur le nouveau jeu et l'endroit où se trouvait cet océan.

Alice sourit d'un air béat quand sa mère la conduisit à la salle de bains où elle trouva l'océan le plus bleu qu'elle ait jamais vu (grâce à une mousse bleue pour le bain) et de jolis petits bateaux naviguant autour d'un navire porte-savon, jouets que Mme Fortier avait achetés pour renforcer l'expérience.

Alice sauta dans la baignoire sans qu'on le lui demande et se mit à aussitôt à jouer ; sa mère lui chanta une chanson, et Alice reçut une noix de shampooing pour « se laver elle-même les cheveux » pour la première fois.

L'expérience se poursuivit sans cris ni hurlements et avec sans doute juste un peu trop d'éclaboussures. Mère et fille prirent tant de plaisir à l'expérience que Mme Fortier se mit à laver Alice dans l'« océan » au moins une fois par jour afin de lui donner la chance d'apprendre à réduire les éclaboussures, à se laver plus soigneusement et à apprécier cette expérience plutôt qu'à la redouter.

Le désordre

Les petites personnes font de gros dégâts et, malheureusement pour les parents ordonnés, elles sont presque toujours inconscientes du fouillis qu'elles créent. Sachant que votre enfant n'est pas malpropre, mais simplement inconscient de la nécessité de nettoyer derrière lui, apprenez-lui (plus il est jeune, mieux c'est) que les fouillis ne disparaissent pas comme par magie, mais que son responsable (et ses assistants) doivent les réparer. Partagez cette réalité inéluctable de la vie avec votre enfant, mais ne vous attendez pas à ce qu'il suive la règle à la perfection. Encouragez l'ordre sans l'exiger en louant la moindre tentative de votre enfant de jouer au jeu du rangement.

Les mesures préventives

Rangez au fur et à mesure

Par exemple, apprenez à votre enfant à ranger ses jouets au fur et à mesure afin de réduire le capharnaüm qu'il crée en passant d'un jouet à l'autre. Inculquez-lui tôt dans la vie l'habitude de ramasser afin de l'encourager à devenir un enfant plus ordonné et, plus tard, un adulte mieux organisé.

Montrez-lui comment réparer son désordre

Donnez-lui des caisses de la bonne taille et des boîtes de conserve où il pourra ranger ses jouets, sa pâte à modeler, etc. Montrez-lui comment placer ses affaires dans les récipients et où ranger ceux-ci quand ils sont pleins afin de vous assurer qu'il n'ignore pas tout simplement ce que vous entendez par ranger un objet ou réparer le désordre.

Soyez aussi précis que possible

Au lieu de prier votre enfant de ranger sa chambre, dites-lui exactement ce qu'il doit ranger. Exemple : « Mettons les bâtonnets dans le seau et les blocs dans la boîte. » Votre enfant sera ainsi mieux à même de suivre vos instructions.

Fournissez-lui le nécessaire

N'attendez pas de votre enfant qu'il sache d'emblée avec quel matériel nettoyer ses dégâts. Donnez-lui le bon chiffon pour essuyer la table, par exemple, et louez l'ardeur qu'il met à nettoyer après que vous lui avez fourni les outils adaptés.

Confinez ses activités à un endroit sûr

Assurez-vous que votre enfant joue à ses jeux malpropres (peinture, modelage) là où les dégâts porteront moins à conséquence. Ainsi, ne vous attendez pas à ce qu'il sache qu'il ne doit pas souiller la moquette du salon si vous le laissez faire de la peinture aux doigts dans cette pièce.

Les solutions

À FAIRE

Appliquez la règle de grand-mère

Si votre enfant refuse de ranger son désordre, assujettissez son plaisir à son obéissance. Exemple : « Oui, je sais que tu ne veux pas ranger tes blocs, mais quand tu l'auras fait, tu pourras aller jouer dehors. » Rappelez-vous que votre enfant (de un an et plus) peut participer au rangement même d'une façon limitée et qu'il doit faire de son mieux avec ses capacités en s'habituant peu à peu à des tâches plus difficiles.

Aidez-le à ranger

Le rangement est parfois trop difficile pour les muscles ou les mains d'un enfant. Mettez la main à la pâte afin de promouvoir le partage et la collaboration, deux leçons que vous voulez inculquer à votre enfant au niveau préscolaire. Le fait de voir papa et maman ranger, par exemple, rend cette activité beaucoup plus séduisante et raisonnable.

Jouez à la « course contre la montre »

Quand il s'agit de battre de vitesse le minuteur, ramasser des jouets cesse aussitôt d'être une corvée pour se transformer en un jeu amusant. Ajoutez au plaisir en disant, par exemple : « Si tu ramasses tes jouets avant la sonnerie du minuteur, tu pourras sortir un autre jouet. » Si votre enfant réussit à battre le minuteur, félicitez-le et tenez votre promesse.

Complimentez tout effort de rangement

Utilisez une puissante motivation pour encourager votre enfant à ranger quand il a fini : l'éloge ! Complimentez-le pour le magnifique travail qu'il fait en rangeant ses crayons de couleur : « Je suis très heureux de voir que tu as mis le crayon rouge dans le panier. Merci de m'aider à ranger ta chambre. »

À ÉVITER

Ne visez pas la perfection

Votre enfant n'a eu que quelques centaines de jours pour s'exercer à mettre de l'ordre, aussi ne vous attendez pas à ce qu'il le fasse à la perfection. Ses efforts dans ce sens vous indiquent qu'il apprend ; il s'améliorera avec la pratique et avec le temps.

Ne punissez pas le désordre

Votre enfant ne comprend pas encore la valeur de l'ordre et ne possède pas encore la maturité physique nécessaire pour être ordonné. « Mes parents laissent bien leurs jouets traîner, pourquoi pas moi ? » peut se dire votre enfant en voyant des cendriers, des journaux ou des stylos sur la table du salon.

Ne vous attendez pas à ce que votre enfant prévoie les dégâts

Votre enfant ne connaît pas la valeur des beaux vêtements. Donnez-lui de vieux vêtements à porter sens devant derrière au lieu de vous attendre à ce qu'il garde propres ses coûteux vêtements pendant qu'il peint.

UNE FOULE DE FOUILLIS

Jean et Béatrice Lesieur s'habituaient à tout sauf au capharnaüm que leurs jumelles de cinq ans environ, Maude et Martine, créaient presque quotidiennement.

« Les gentils enfants rangent toujours leurs jouets », disait Mme Lesieur en essayant de convaincre les jumelles de ne pas laisser leurs jouets traîner dans le séjour quand elles avaient fini de jouer.

Comme ses efforts étaient vains, elle se mit à corriger ses filles et à les enfermer dans leur chambre chaque fois qu'elles refusaient de mettre de l'ordre, punition qui ne semblait punir qu'elle-même, puisque les fillettes créaient un fatras supplémentaire dans leur propre chambre.

Mme Lesieur entrevit une façon de résoudre son dilemme en voyant à quel point ses filles aimaient se balancer sur leur nouvelle balançoire. Elle décida de transformer cette activité en privilège qu'il fallait mériter. Un jour que les fillettes voulaient jouer dehors au lieu de ranger les bâtonnets et la cuisine de poupée avec lesquels elles avaient joué, Mme Lesieur dit : « Voici la nouvelle règle, mes chéries. Je sais que vous voulez aller jouer dehors, mais vous n'irez qu'après avoir rangé, Maude, ta cuisine de poupée, et Martine, tes bâtonnets. Je vous aiderai. »

Les jumelles se regardèrent d'un air ébahi. Elles ne voulaient rien ramasser du tout, mais elles n'avaient jamais entendu cet ultimatum auparavant. Mme Lesieur commença à ranger les bâtonnets dans leur boîte pour s'assurer que Martine savait au juste ce que « ranger ses bâtonnets » voulait dire. Puis, elle ouvrit le sac afin que Maude puisse y déposer la batterie de cuisine, ne laissant ainsi planer aucun doute sur ce qu'elle entendait par « ranger sa cuisine de poupée ».

Comme les fillettes et leur mère s'activaient ensemble, Mme Lesieur ne fit aucun mystère, non plus, de la joie que lui causaient leurs efforts. « Merci de ranger. Martine, tu fais un travail magnifique avec ces bâtonnets et toi, Maude, j'aime la façon dont tu ranges ta batterie de cuisine dans ce minuscule sac », dit-elle en enlaçant chacune de ses filles avec une fierté sincère. Aussitôt après, les jumelles s'élancèrent dehors pendant que leur mère préparait le déjeuner au lieu de ramasser derrière elles.

Pendant des semaines, il fallut offrir une récompense aux

fillettes pour qu'elles remettent de l'ordre, mais elles finirent par apprendre que ranger un jouet avant d'en prendre un autre accélérait le rangement et attirait de jolis compliments de la part de maman.

LA RIVALITÉ FRATERNELLE

Le rapportage entre enfants de mêmes parents et la haine qu'ils éprouvent à l'égard du nouveau bébé dès l'instant où il envahit la famille ne sont que deux exemples des difficultés qu'entraîne la rivalité fraternelle dans les relations familiales. Comme les enfants d'âge préscolaire passent leur temps à manifester leur indépendance et leur importance, ils se battent souvent avec leurs frères et sœurs au sujet de l'espace, du temps et de la première place au sein de leur univers le plus important : leur famille. Bien que la rivalité fraternelle soit inévitable dans les familles les plus aimables en raison de l'esprit de compétition qui caractérise les humains, vous pouvez la réduire en faisant en sorte que chacun de vos enfants se sente spécial et unique. Pour éviter que la rivalité fraternelle ne dépasse les bornes, montrez à vos enfants que la bonne entente comporte d'autres avantages comme l'attention et les privilèges.

Nota : Pour réduire la rivalité suscitée par un nouveau bébé, essayez de jouer avec votre aîné autant quand le nouveau-né est éveillé que quand il dort. Ainsi, votre enfant n'associera pas l'attention que vous lui donnez à l'absence du bébé. Si vous vous occupez de lui, il se dira : « Maman s'occupe de moi quand le bébé est là et quand il n'est pas là. Ce bébé n'est pas si mal après tout ! »

Les mesures préventives

Préparez votre enfant avant que le nouveau-né envahisse son univers

Parlez avec votre aîné (s'il a plus de un an) de sa participation à la vie du nouveau bébé. Expliquez-lui ce que sera la vie quotidienne à l'arrivée du bébé. Il comprendra ainsi qu'il doit vous aider et ne sera pas relégué au second plan ; il sentira également qu'il a un rôle important à jouer dans l'amour de son frère ou de sa sœur et que, tout comme vous, il doit contribuer à combler ses besoins.

Fixez-vous des objectifs réalistes quant à la bonne entente

N'attendez pas de votre aîné qu'il déborde de tendresse comme vous à l'égard du nouveau bébé. Il a beau être plus âgé, n'oubliez pas qu'il éprouve, lui aussi, des besoins qui doivent être comblés.

Réservez du temps pour chacun de vos enfants

Même si vous avez une demi-douzaine de bambins de moins de six ans, essayez de trouver du temps pour chacun d'eux (un bain, une promenade, une excursion à l'épicerie, etc.). Cela vous aidera à concentrer votre attention sur un seul enfant à la fois et sur ses besoins, et à prendre conscience des sentiments et des problèmes que les grondements de la foule pourraient dissimuler à la maison.

Faites des tableaux d'honneur individuels (parents de jumeaux ou d'enfants d'âges rapprochés)

Affichez les créations de chaque enfant dans un endroit spécial pour lui indiquer qu'il mérite une attention particulière.

Les solutions

À FAIRE

Jouez à la « course contre la montre »

Quand vos enfants se battent pour gagner toute votre attention, par exemple, laissez au minuteur le soin de déterminer à quel moment chaque enfant pourra être cajolé. Cela vous permet de vous partager et indique à chaque enfant que, son tour venu, il pourra, à l'instar de ses frères et sœurs, accaparer toute votre attention.

Proposez des solutions de rechange à la bagarre

En laissant les bagarres éclater et se poursuivre dans votre maison, vous n'enseignez pas l'harmonie à vos enfants. Au lieu de supporter les bagarres, donnez à vos enfants une alternative claire. Exemple : « Ou vous vous entendez bien et continuez à jouer, ou vous vous bagarrez et allez au "temps mort" chacun de votre côté. » (Lire les détails sur le « temps mort » à la page 19.) Habituez-les à faire leurs propres choix afin qu'ils aient le sentiment de prendre leur vie en main et apprennent à décider pour eux-mêmes.

Définissez la bonne entente

Complimentez vos enfants sur des points précis quand ils s'amusent bien ensemble afin qu'ils comprennent correctement le sens du mot « entente ». Exemple : « Je me réjouis de voir que vous partagez vos jouets et vous amusez si bien ensemble. La bonne entente contribue au plaisir du jeu. »

À ÉVITER

Ne réagissez pas au rapportage

Les enfants se livrent au rapportage afin de rehausser leur prestige aux yeux des parents. Vous pourrez mettre un terme à cette habitude en disant : « Je regrette que vous ne vous entendiez pas ! » et en faisant semblant que votre enfant n'a rien rapporté. Même s'il vous signale une activité dangereuse, vous pouvez stopper celle-ci sans prêter attention au rapportage comme tel.

N'incitez pas votre enfant à moucharder

Ainsi, demander au grand frère de vous tenir au courant des faits et gestes de sa petite sœur n'est pas une bonne façon de montrer à vos enfants comment s'entendre sans moucharder.

Ne vous alarmez pas si vos enfants ne s'aiment pas tout le temps

La nature humaine est ainsi faite que les enfants ne peuvent vivre ensemble sans ressentir une certaine rivalité. Réduisez les frictions au minimum en récompensant la bonne entente et en ne laissant pas les petites rivalités se transformer en guerre.

Ne gardez rancune à personne

Une fois la dispute réglée, ne rappelez pas à vos enfants qu'ils étaient ennemis. Recommencez à zéro.

JACQUOT S'EN VA-T-EN GUERRE

Les constantes chamailleries qui opposaient le petit Jacquot, âgé de quatre ans, à Julie, sa petite sœur de deux ans, forçaient leurs parents à jouer aux arbitres. Père et mère se demandaient ce qui avait bien pu les pousser à avoir des enfants puisque ceux-ci n'appréciaient pas les sacrifices qu'ils faisaient pour leur acheter de jolis vêtements, de nouveaux jouets et des aliments sains.

Les morsures et les taquineries étaient les deux armes qu'employait Jacquot pour « faire payer » sa sœur quand elle lui ravissait trop souvent l'attention de son père et de sa mère. Jacquot semblait rechercher délibérément les cris et les raclées, qui étaient son lot chaque fois qu'il s'en prenait à sa sœur.

La seule fois où Mme Simard vit son fils se comporter gentiment avec sa sœur était celle où il l'avait aidée à traverser une plaque de verglas dans l'entrée. Elle en éprouva une telle gratitude qu'elle dit à son fils : « Je suis très fière de la façon dont tu as aidé ta sœur. »

Plus tard, les Simard décidèrent d'encourager les occasions de ce genre en complimentant les enfants chaque fois que l'harmonie régnait entre eux et en les traitant différemment quand ils se bagarraient.

Ils purent appliquer leur nouvelle ligne de conduite quand, à leur retour de l'épicerie plus tard ce jour-là, une bataille éclata au sujet des blocs. Mme Simard ignorait qui avait commencé mais elle dit à ses enfants : « Vous avez le choix maintenant, les enfants ; comme j'ignore qui a pris le jouet de qui, vous pouvez décider ou de vous amuser ensemble et de bavarder calmement comme vous l'avez fait dans la voiture aujourd'hui ou d'aller au "temps mort" chacun de votre côté. »

Ignorant cet ultimatum, les deux enfants continuèrent à se chamailler. Mme Simard déclara : « Je vois que vous avez tous deux choisi le "temps mort" », et elle assit chacun des enfants sur une chaise.

Julie et Jacquot hurlèrent pendant toute la durée du « temps mort » mais, après s'être calmés et avoir reçu la permission de descendre de leur chaise, ils arborèrent un air différent pour le restant de la journée. Ils se mirent à agir comme les membres d'une même faction plutôt que comme des ennemis, et leur mère se félicita de ne pas avoir perdu son sang-froid en même temps que ses enfants.

Les Simard continuèrent à souligner tous les moments de bonne entente en accordant moins d'attention aux chamailleries et ils recoururent systématiquement au « temps mort » pour séparer les enfants et renforcer ainsi les conséquences de leur décision de se quereller.

Les petits accidents

L'apprentissage de la propreté constitue la première grande lutte de pouvoir entre les parents et les enfants d'âge préscolaire. La guerre éclate quand les parents demandent à leurs rejetons épris d'indépendance de renoncer à ce qu'ils considèrent comme une seconde nature pour entreprendre une chose nouvelle et souvent indésirable. Pour la plupart des enfants, ce qui est désirable à propos de l'apprentissage de la propreté, c'est de plaire aux parents ; par conséquent, afin d'éviter le plus grand nombre possible de petits accidents durant cet apprentissage, concentrez-vous davantage sur ce que votre enfant devrait faire (garder sa culotte sèche, aller sur le pot) que sur ce qu'il ne devrait pas faire (souiller sa culotte). Aidez votre enfant à être fier de lui tout en réduisant ses chances de s'oublier dans le simple but d'attirer votre attention et vos réactions.

Nota : Si votre enfant a de fréquents accidents après quatre ans, consultez un médecin. Ce chapitre n'aborde pas la question des pipis au lit car de nombreux enfants d'âge préscolaire ne sont tout simplement pas capables de rester secs toute la nuit. Bien des autorités croient qu'après six ans, on devrait considérer le fait de mouiller son lit comme un problème qui peut être traité de diverses façons.

Les mesures préventives

Observez les signaux qui indiquent que votre enfant est prêt (la plupart des enfants le sont vers l'âge de deux ans)

Voici les signes généralement acceptés : la capacité de rester sec pendant quelques heures d'affilée ; de comprendre des mots comme « pot », « mouillé », « sec » ; et de suivre des instructions simples comme « baisse ta culotte », « assieds-toi sur le pot », etc.

Ne précipitez pas les choses

Un apprentissage précoce ne fait qu'enseigner aux enfants à dépendre de leurs parents davantage que de leur propre capacité à devenir propres.

Montrez-lui comment utiliser le pot

Familiarisez votre enfant avec le pot et son utilisation en lui montrant comment vous utilisez les toilettes et comment il peut le faire.

Faites en sorte qu'il soit très facile d'utiliser le pot au moment et à l'endroit où l'enfant en a besoin

Placez-le sur le sol de la cuisine, par exemple, pour l'apprentissage de base. Emmenez le pot avec vous au début afin d'aider votre enfant à s'en servir sans embarras dans les endroits publics.

Adoptez une méthode d'apprentissage et gardez-la

La méthode décrite dans *Parents au pouvoir*, de John Rosemond (Le Jour éditeur, Montréal, 1992), par exemple, répond aux préoccupations des parents et propose une approche progressive.

Les solutions

À FAIRE

Récompensez votre enfant s'il reste sec et s'il utilise le pot correctement

Apprenez à votre enfant à rester au sec en lui disant à quel point cela est bon. Cela mettra en valeur les moments où il a répondu à vos attentes (rester sec) et mettra davantage l'accent sur ce comportement que sur ses erreurs. Tous les quarts d'heure environ, demandez à votre enfant de vérifier sa culotte. Est-elle sèche ? Vous lui imputez ainsi la responsabilité de vérifier s'il est sec et lui donnez plus d'emprise sur la situation. S'il est sec, félicitez-le : « C'est très bien de rester sec. »

Rappelez à votre enfant la règle concernant les endroits défendus

De nombreux enfants d'âge préscolaire font occasionnellement leurs besoins dans un endroit inadéquat (dehors, par exemple). Si c'est le cas de votre enfant, rappelez-lui la règle : « Tu dois faire tes besoins dans le pot. Exerçons-nous. » Puis, répétez la procédure correcte.

Réagissez calmement aux accidents

Dans vos efforts, insistez surtout pour que votre enfant s'exerce à faire les gestes qu'il faut pour rester sec. Vous renforcez ainsi sa confiance en soi et lui montrez qu'il peut utiliser le pot comme vous voulez qu'il le fasse. S'il s'oublie, dites : « Je regrette que tu sois mouillé. Maintenant, nous devons nous exercer à rester sec. » Puis, exercez-vous une dizaine de fois à aller aux toilettes à divers endroits de la maison (baisser sa culotte, s'asseoir sur le pot, remonter sa culotte, s'asseoir sur le pot à l'endroit suivant, etc.). En pratique, votre enfant n'a pas besoin d'uriner ou d'aller à la selle, mais seulement de faire les gestes nécessaires.

Rappelez-vous que les enfants ne voient pas toujours une raison d'aller aux toilettes comme nous le voulons

Si être mouillé ne dérange pas votre enfant, soulignez l'importance de rester sec en lui offrant des récompenses pour qu'il en comprenne les avantages. Exemple : « Tu es une grande fille parce que tu restes au sec. Maintenant, nous pouvons lire une histoire. »

Appliquez la règle de grand-mère en public

Si votre enfant refuse d'utiliser un autre pot que le sien quand vous vous trouvez dans un endroit public, appliquez la règle de grand-mère. Emportez le pot de votre enfant avec vous si possible ou promettez-lui une récompense s'il en utilise un autre. Exemple : « Nous devons rester sec. Un pot en vaut un autre. Nous ne pouvons pas utiliser ton pot parce qu'il n'est pas ici. Quand tu auras utilisé celui-ci, nous irons au zoo. »

À ÉVITER

Ne punissez pas votre enfant s'il s'oublie

La punition ne fait qu'accorder à votre enfant de l'attention pour avoir fait dans sa culotte ou dans un endroit interdit sans lui apprendre à rester sec.

Ne posez pas les mauvaises questions

Réitéré fréquemment, l'ordre « Vérifie ta culotte » agit comme un rappel subtil et est un excellent substitut à « As-tu besoin d'aller sur le pot ? », question qui attire habituellement un non. Confiez à votre enfant la responsabilité de vérifier l'état de sa culotte et de remédier au problème le cas échéant, afin de stimuler sa fierté de pouvoir prendre soin de lui-même comme maman et papa.

LES « ACCIDENTS » DE PAULINE

Dès le début des vacances d'été, la petite Pauline, âgée de trois ans et demi, ne faisait pas qu'oublier ses chiffres et ses lettres : ses petits accidents occasionnels indiquaient qu'elle attendait trop longtemps avant de se mettre en route pour les toilettes. Mme Vachon la voyait se trémousser et déployer d'énormes efforts pour ne pas y aller.

Pauline découvrit qu'elle pouvait soulager la pression physique qui l'obligeait à « y aller » en libérant une toute petite quantité d'urine dans sa culotte. Quand sa mère la réprimandait et la corrigeait, Pauline soulignait le fait qu'elle était juste « un peu » mouillée.

Il est clair, se dit Mme Vachon, que Pauline espère attirer l'attention en s'oubliant ainsi, sinon pourquoi soulignerait-elle le fait qu'elle est juste un peu mouillée ?

Ayant analysé la situation, M. et Mme Vachon décidèrent de reprendre la méthode qu'ils avaient employée pour apprendre la propreté à leur fille l'année précédente : ils se mirent à la complimenter quand sa culotte était sèche au lieu de se fâcher quand elle était mouillée.

« Vérifie ta culotte, Pauline », lui ordonna sa mère le lendemain après le petit déjeuner. « Est-elle sèche ? »

Mme Vachon fut aussi ravie que Pauline quand celle-ci répondit joyeusement : « Oui ! » avec un grand sourire.

« Merci de rester sèche, ma chérie », dit-elle en étreignant sa fille. « Continue comme ça ! »

Après avoir passé quelques jours à encourager sa fille à vérifier régulièrement sa culotte (qui était restée sèche), Mme Vachon crut avoir réglé le problème... jusqu'à ce que Pauline mouille sa culotte le lendemain.

« Exerçons-nous dix fois à aller sur le pot », dit-elle à sa fille maussade, qui semblait très déçue de ne pas avoir reçu d'éloges comme quand sa culotte était sèche.

Pauline se rendit vite compte qu'il était plus facile d'aller sur le pot et de recevoir des éloges que de s'y exercer dix fois, et elle garda sa culotte sèche pendant plusieurs mois.

M. et Mme Vachon complimentèrent leur fille et la rappelèrent à l'ordre à plusieurs reprises l'année suivante. Ils gardaient à l'esprit que Pauline devait réapprendre à être propre, et ils préféraient l'assister dans ce travail que d'être furieux et frustrés parce qu'elle souillait sa culotte.

Les enfants « crampons »

L'image d'un enfant cramponné aux jupes de sa mère — comme si c'était une question de survie — pendant qu'elle essaie de cuisiner ou de sortir n'est pas un fantasme pour de nombreux parents d'enfants d'âge préscolaire, mais bien un aspect émotivement épuisant et on ne peut plus réel de la vie quotidienne. Bien que ce ne soit pas facile, ne cédez pas à la tentation de rester à la maison ou de jouer sans cesse avec votre enfant tout en essayant de vivre votre vie. Si vous voulez ou devez laisser votre enfant aux mains d'une gardienne, rassurez-le en lui disant que vous êtes fier qu'il joue seul et que vous reviendrez ; réjouissez-vous d'un ton sincère qu'il ait la chance de jouer avec la gardienne. Votre attitude positive sera contagieuse (comme le serait une négative) et elle aidera votre enfant à se sentir bien et à s'amuser même loin de vous tout en devenant indépendant. En noyant votre enfant sous les cajoleries et les baisers à des moments neutres, vous l'empêcherez de se sentir délaissé et de se cramponner à vous pour gagner votre attention. S'accrocher n'est pas comme étreindre : c'est une demande immédiate et urgente d'attention.

Les mesures préventives

Exercez-vous à quitter votre enfant très jeune

Afin que votre enfant s'habitue à l'idée que vous ne serez peut-être pas toujours là, quittez-le occasionnellement pendant de courtes périodes (quelques heures) alors qu'il est encore petit.

Décrivez à votre enfant vos activités respectives pendant votre absence

En lui racontant ce que vous comptez faire pendant votre absence, vous donnez à votre enfant un excellent exemple de la façon dont il peut vous répondre quand vous l'interrogez sur ses activités de la journée. Décrivez-lui son emploi du temps et le vôtre de sorte qu'il ne s'inquiète pas de votre sort ni du sien. Exemples : « Laura préparera ton dîner et te lira une histoire, puis tu iras au lit. Papa et moi dînons à l'extérieur et nous serons de retour à 23 heures » ou « Je dois préparer le dîner maintenant. Quand j'aurai terminé et que tu auras joué avec tes blocs, nous lirons une histoire ensemble ».

Jouez à cache-cache

Ce petit jeu habituera votre enfant à l'idée que les choses (et vous) s'en vont et (le plus important) reviennent. Les enfants de un à cinq ans jouent à cache-cache de diverses façons : en se cachant derrière leurs mains, en regardant d'autres personnes se cacher derrière leurs doigts et (pour les deux à cinq ans surtout) en jouant au vrai jeu de cache-cache, plus physique.

Donnez à votre enfant l'assurance que vous reviendrez

N'oubliez pas de lui dire que vous reviendrez et prouvez-lui que vous tenez parole en revenant à l'heure dite.

Fournissez à votre enfant des activités réservées aux moments où vous êtes absent ou occupé

Préparez votre enfant à la séparation

Laissez entendre que vous sortez et que votre enfant peut faire face à votre absence : « Je sais que tu es un grand garçon et que tout ira bien pendant mon absence. » Si vous partez sans le prévenir, il se demandera toujours quand vous disparaîtrez de nouveau soudainement.

Les solutions

À FAIRE

Préparez-vous à entendre votre enfant crier quand vous le quittez contre son gré

Rappelez-vous que le bruit ne cessera que quand votre enfant apprendra une leçon précieuse, en l'occurrence qu'il peut survivre sans vous pendant une courte période. Dites-vous : « Je sais que ses pleurs m'indiquent qu'il m'aime. Il doit apprendre que même si je ne joue pas avec lui et pars, je reviendrai toujours et jouerai très bientôt avec lui. »

Complimentez votre enfant après une séparation

Faites en sorte que votre enfant soit fier de sa capacité à s'amuser seul. Exemple : « Je suis très fier que tu te sois amusée seule pendant que je récurais la cuisinière. Tu es vraiment une grande fille. » Vous trouverez tous deux plus d'avantages à votre séparation.

Utilisez la « chaise des jérémiades »

Dites à votre enfant qu'il a le droit de ne pas aimer que vous soyez occupé ou le quittiez, mais que ses pleurs vous dérangent : « Je regrette que cela te déplaise que je doive préparer le dîner maintenant. Va sur la “chaise des jérémiades” jusqu’à ce que tu puisses jouer sans pleurer. » (Voir « Les jérémiades » à la page 61.) Laissez un enfant en larmes pleurer… loin de vous.

Reconnaissez que votre enfant a besoin de passer du temps avec vous et sans vous

Les séparations sont nécessaires tant pour les enfants que pour les parents. Par conséquent, persévérez dans vos occupations quotidiennes même si votre enfant proteste parce que vous faites autre chose que jouer avec lui ou que vous le laissez à l’occasion avec une gardienne.

Habituez-le lentement aux séparations

Si votre enfant prend trop de votre temps à partir de un an, jouez à la « course contre la montre ». Accordez-lui cinq minutes de votre temps et laissez-le s’amuser seul cinq minutes. Prolongez les moments où il joue seul pour chaque période de cinq minutes que vous lui consacrez jusqu’à ce que votre enfant joue une heure par lui-même.

À ÉVITER

Ne soyez pas contrarié si votre enfant se cramponne à vous

Dites-vous qu’il est plus à l’aise avec vous et préfère votre compagnie à celle du vaste monde.

Ne punissez pas votre enfant parce qu’il s’accroche à vous

Montrez-lui comment supporter une séparation en utilisant le minuteur.

Ne lui adressez pas de messages ambigus

Évitez de dire à votre enfant d'aller jouer ailleurs tout en le tenant, en lui tapotant le dos et en le caressant. Il ne saura plus s'il doit rester ou partir.

Évitez de donner à votre enfant malade trop d'attention

Assurez-vous de ne pas rendre la maladie plus attrayante que la santé en laissant votre enfant malade faire des choses que vous trouveriez inacceptables en temps normal. Les recherches sur la gestion de la douleur chez les adultes indiquent que les enfants à qui l'on accorde une attention considérable quand ils sont malades supportent beaucoup plus mal la douleur chronique une fois devenus adultes. Il ne faut pas accorder trop d'importance à la maladie et n'apporter que quelques changements à la routine quotidienne.

« Ne me quitte pas ! »

Gisèle et Richard Garon aimaient tellement les réceptions que quand leur fils de quatre ans, Paul, se cramponnait à leurs manteaux avec un air horrifié, ils ne tenaient aucun compte de ses sentiments.

« Allons, mon chéri, ne fais pas le bébé ! Nous t'aimons. C'est idiot que tu te sentes mal, nous sortons tous les dimanches », lui expliquaient-ils. Puis ils lui souhaitaient une bonne nuit, l'embrassaient et sortaient.

Mais Paul n'était pas consolé et il donnait à pleins poumons la réplique qu'il connaissait pas cœur : « Ne partez pas ! Ne me quittez pas ! Emmenez-moi ! »

Les Garon ne comprenaient pas ce qu'ils faisaient de mal pour que leur fils les « punisse » ainsi chaque fois qu'ils voulaient partir. Les haïssait-il à ce point, se demandaient-ils, pour les embarrasser ainsi devant la gardienne et gâcher leurs beaux vêtements avec ses petits doigts collants ?

Lorsqu'ils allèrent chercher les Cartier à qui ils exprimèrent leur frustration, ceux-ci tentèrent de les rassurer en disant que si Paul s'accrochait à la sécurité qu'ils représentaient, c'était parce qu'il les aimait et non le contraire. Ils racontèrent ensuite comment ils avaient aidé leur propre fille à s'habituer à leurs absences.

Les Garon essayèrent la stratégie des Cartier dès le dimanche suivant. Avant de partir, ils préparèrent Paul à la séparation prochaine en disant : « Nous savons que tu es un grand garçon et que tout ira très bien pendant que nous serons au cinéma. À notre retour, tu seras déjà couché, mais nous serons dans notre lit demain à ton réveil. Laura te fera du pop-corn dans le nouvel appareil, elle te lira une histoire, puis tu iras te coucher. Amuse-toi bien ! » Ils ne furent pas obligés de se glisser dehors après de larmoyantes étreintes, mais quittèrent un petit Paul qui ne gémissait que faiblement.

Forts de ce succès apparent, les Garon se répandaient en éloges avant chaque sortie sur le calme de leur fils tout en lui expliquant où ils allaient, ce qu'ils allaient faire et combien de temps durerait leur absence.

Et quand le rapport de la gardienne était positif, le lendemain matin, ils disaient à Paul combien ils étaient fiers de savoir qu'il avait été si sage pendant leur absence : « Merci d'avoir été si calme et d'avoir aidé Laura à confectionner des friandises hier soir », disaient-ils en l'enlaçant.

Les Garon furent patients, sachant que cela prendrait peut-être plusieurs semaines avant qu'ils puissent quitter la maison au son des rires plutôt que du piétinement et des pleurnicheries. Entre-temps, ils se gardèrent bien de réprimander Paul pour ses comportements puérils, et, en ne prêtant pas attention à ses pleurs, ils leur ôtèrent toute utilité.

Les rencontres avec des inconnus

« N'accepte jamais de bonbons d'un inconnu » est un avertissement que des milliers de parents servent à leurs enfants d'âge préscolaire chaque fois qu'ils s'aventurent à l'extérieur de la maison sans eux. Or, c'est un avertissement valable. Les enfants doivent apprendre comment se comporter en général avec les inconnus tout comme ils doivent savoir comment agir avec les gens avec qui ils sont censés se montrer sociables. Diminuez la peur de votre enfant envers les inconnus en lui montrant la différence entre saluer un inconnu et le suivre ou obéir à ses suggestions. Très tôt, votre enfant se sentira en sécurité car il saura comment se comporter en votre présence et en votre absence.

Les mesures préventives

Établissez les règles

Expliquez à votre enfant la conduite à tenir avec les inconnus. Voici la règle d'or : « Tu peux dire "bonjour" ou "non" aux personnes que tu ne connais pas. Si un inconnu te demande de le suivre ou veut te donner quelque chose, dis "non", cours à la maison la plus proche et sonne. »

Habituez-le à observer les règles

Faites semblant d'être un inconnu et demandez à votre enfant de courir jusqu'à la maison la plus proche afin de l'habituer à suivre vos instructions concernant la conduite à tenir avec des étrangers.

N'essayez pas d'effrayer votre enfant

La peur n'engendre que la confusion et n'enseigne pas la bonne conduite à votre enfant. Celui-ci doit savoir comment réfléchir par lui-même quand un inconnu s'immisce dans sa vie privée. Une grande peur détruira sa capacité d'agir rationnellement.

Les solutions

À FAIRE

Rappelez la règle à votre enfant en le félicitant de sa bonne conduite

Si votre enfant dit bonjour à un inconnu devant vous, félicitez-le d'avoir suivi la règle : « Je suis content que tu te sois souvenu de dire "bonjour" seulement. Rappelle-toi que c'est la seule chose que tu dois dire à un étranger. »

Encouragez votre enfant à se montrer amical

Comme les enfants amicaux sont plus facilement acceptés par les autres à mesure qu'ils grandissent, il est important de leur inculquer cette attitude. Les jeunes comme les plus âgés doivent apprendre jusqu'à quel point, quand et comment ils doivent se montrer aimables.

Donnez l'exemple

Donnez vous-même l'exemple en saluant les gens, même des inconnus, que vous rencontrez dans la rue. Il est impossible d'apprendre aux enfants à différencier les inconnus potentiellement dangereux de ceux qui ne le sont pas. Même les adultes se laissent parfois abuser par l'allure « normale » de certains criminels. À chacune de vos leçons, glissez quelques mots sur la façon d'être aimable sans suivre des inconnus ni accepter des bonbons, des présents, etc., de leur part.

À ÉVITER

N'inculquez pas la crainte des gens à votre enfant

Pour éviter à votre enfant les dangers d'une agression, enseignez-lui la règle, mais ne lui apprenez pas à craindre les gens. La peur ne fait qu'inhiber la prise de décisions rationnelles, quel que soit l'âge.

Ne craignez pas que votre enfant dérange les autres en les saluant

Même si on ne lui rend pas son salut, il est bon que votre enfant ait dit bonjour à un moment et à un endroit opportuns.

LA SÉCURITÉ D'ÉRIC

Comment apprendre à notre petit Éric, qui a trois ans et demi, à être aimable sans s'exposer à un danger ? Voilà la difficulté qu'affrontaient ses parents en tentant de résoudre le problème que leur causait leur fils en saluant constamment de parfaits inconnus dans la rue. Et s'il allait plus loin qu'un simple bonjour avec un individu dangereux ? se demandaient-ils avec inquiétude.

« Un jour, quelqu'un pourrait profiter de ton amabilité », expliquèrent-ils au petit Éric avec leur logique d'adulte. « Ne parle pas aux inconnus », lui ordonnèrent-ils fermement en voyant que leur explication logique n'avait pas mis un frein à son immense amabilité.

Éric écouta ces ordres inflexibles avec une attention si vive qu'il devint terrifié et se mit à piquer des colères chaque fois que ses parents voulaient l'emmener à l'épicerie ou au centre commercial où rôdaient des inconnus. Il ne voulait pas voir d'étrangers, expliqua-t-il à sa mère. Ils étaient si méchants et si dangereux qu'il ne pouvait même pas les saluer.

Mme Doiron était frustrée de voir que ses conseils bien intentionnés se retournaient ainsi contre elle. Elle finit par comprendre qu'Éric ne saisissait pas la différence entre dire bonjour, une habitude que son mari et elle ne voulaient pas réprimer chez lui, et suivre des étrangers ou accepter quelque chose d'eux. Or, c'est précisément ces deux derniers comportements que les Doiron voulaient empêcher. Éric ne comprenait pas parce que sa mère ne lui avait jamais donné l'occasion de comprendre.

« Les inconnus peuvent être dangereux si tu les suis ou acceptes quelque chose d'eux, affirma-t-elle à son fils. Voici la nouvelle règle : tu peux parler à qui tu veux, mais si la personne te donne quelque chose ou veut t'emmener avec elle, refuse ce qu'elle t'offre et cours à la maison la plus proche ou entre dans un magasin et va vers l'adulte le plus proche. » Tous deux s'exercèrent en allant au centre commercial où Éric suivit ces directives pendant que sa mère jouait à être « l'inconnu ».

Rassurée sur la capacité de son fils, elle lui rappela la règle chaque semaine jusqu'au moment où elle se rendit compte que celle-ci était désormais une habitude chez Éric et non plus une façon bizarre de naviguer dans le monde. Pour renforcer la leçon, Mme Doiron s'exerça elle-même à saluer les autres, ce dont son fils la complimenta tout comme elle l'avait fait parce qu'il avait suivi la règle.

Le problème ne fut jamais complètement classé dans l'esprit des parents d'Éric car ils comprirent qu'ils devaient encourager leur fils à s'exercer à « saluer sans danger » de temps en temps pour se convaincre qu'il comprenait et n'oubliait pas cette habitude susceptible de lui sauver la vie un jour.

Le vagabondage dans les endroits publics

Curieux, les enfants d'âge préscolaire dressent mentalement des listes de ce qu'ils veulent voir et faire dans les centres commerciaux, les grandes surfaces, etc., tout comme leurs parents le font sur papier. La confusion éclate quand ces listes ne concordent pas et que les enfants accordent la priorité à la leur. Or, comme la sécurité de votre enfant l'emporte sur sa curiosité dans les situations dangereuses (celles où il se trouve sur le chemin des voitures, des piétons ou des chariots, par exemple), appliquez vos règles de conduite sans tenir compte de ses protestations. Habituez votre enfant à demeurer près de vous dans les endroits publics tant que ni vous ni lui ne pourrez pas compter sur sa connaissance de ce qui est dangereux et de ce qui ne l'est pas, une distinction qu'il aura apprise de vous.

Nota : Pour encourager votre enfant à demeurer près de vous en public, vous devez mettre l'accent sur la prévention des écarts de conduite. Si votre enfant s'est éloigné de vous, il ne vous reste qu'à le retrouver et à l'empêcher de récidiver avant de le perdre à jamais.

Les mesures préventives

Édictez des règles de bonne conduite en public

Choisissez un moment neutre (avant ou longtemps après son écart de conduite) pour informer votre enfant de ce que vous attendez de lui dans les endroits publics : « Dans les magasins, tu dois rester près de moi », par exemple.

Exercez-vous

Afin que votre enfant sache comment appliquer ces règles, exercez-vous avant de quitter la maison. « Nous allons essayer de rester ensemble. Voyons combien de temps tu resteras près de moi. » Quand il réussit à rester avec vous un certain temps, complimentez-le : « C'est très bien. Merci de ne pas t'être éloigné de moi. »

Apprenez à votre enfant à venir vers vous

À un moment neutre, prenez la main de votre enfant et attirez-le vers vous en disant : « Viens ici, s'il te plaît. » Enlacez-le et remerciez-le : « Merci d'être venu. » Répétez cet exercice cinq fois par jour en augmentant peu à peu la distance entre votre enfant et vous quand vous l'appelez, jusqu'à ce qu'il vienne vers vous de l'autre extrémité de la pièce ou du magasin.

Félicitez votre enfant

Encouragez-le à demeurer près de vous en le félicitant chaque fois qu'il le fait : « C'est très bien ! » ou « C'est merveilleux de faire des courses avec toi parce que tu restes près de moi », par exemple.

Faites-le participer

S'il le peut, laissez votre enfant porter un paquet ou pousser sa poussette, par exemple. Il aura ainsi l'impression de jouer un rôle important dans les courses et sera moins tenté de vagabonder.

Modifiez la règle à mesure que l'enfant change

Si, en grandissant, votre enfant est capable de s'éloigner brièvement puis de revenir aussitôt vers vous dans un magasin, par exemple, vous pouvez modifier la règle. Dites-lui que vous lui donnez plus de liberté afin de lui faire sentir qu'il a mérité cette indépendance grâce à sa bonne conduite dans les endroits publics. Il comprendra mieux les avantages qu'entraîne l'observation des règles.

Faites preuve de fermeté et de cohérence

Ne modifiez pas les règles de bonne conduite en public sans prévenir votre enfant. Votre fermeté et votre cohérence à cet égard lui procureront un sentiment de sécurité. La conscience de ses limites suscitera peut-être quelques hurlements de protestation, mais le contrôle que vous exercez l'aidera à se sentir protégé en territoire inconnu.

Les solutions

À FAIRE

Utilisez les réprimandes et le « temps mort »

En réprimandant votre enfant lorsqu'il s'éloigne de vous en public, vous lui enseignez et le comportement à adopter et les conséquences d'un manquement à la règle : « Non, ne t'éloigne pas. Tu es censé rester près de moi. Tant que tu restes près de moi, tu es en sécurité. » S'il enfreint encore la règle, réprimandez-le de nouveau et mettez-le au « temps mort » (dans un coin du magasin ou tout près sur une chaise) tout en restant près de lui.

À ÉVITER

Ne laissez pas votre enfant régir vos occupations

Ne le menacez pas de rentrer s'il s'éloigne de vous. C'est peut-être justement ce qu'il veut, de sorte qu'il s'éloignera simplement pour que vous exauciez son vœu.

Ne corrigez pas votre enfant en public

Vous ne feriez que l'encourager à s'éloigner de vous parce qu'il ne saura plus à quel moment vous allez ou non le punir.

Ne prolongez pas les courses outre mesure

Certains enfants d'âge préscolaire peuvent obéir aux règles plus longtemps que d'autres. Apprenez à connaître votre enfant. Comme sa limite est peut-être d'une heure, prenez cela en considération quand vous quittez la maison.

« RESTE ICI ! »

M. et Mme Séguin hésitaient à emmener Matthieu, leur fils de quatre ans, dans les magasins ou à l'épicerie car il se volatilisait dès qu'ils avaient le dos tourné.

« Reste ici ! Ne t'éloigne jamais de nous dans les magasins ! » cria Mme Séguin à son fils en le voyant disparaître sous un porte-vêtements dans une grande surface.

Mais c'était en pure perte. Comme tous trois quittaient le magasin et marchaient dans le centre commercial, Matthieu courut vers une vitrine en criant : « Regardez ce train ! Regardez ce train ! »

La vitrine se trouvait presque hors de portée de voix, ce qui terrifia Mme Séguin. Elle comprit alors qu'elle devait édicter des règles pour empêcher son fils de disparaître pendant qu'elle effectuerait ses achats de Noël. Le lendemain, avant d'aller à l'épicerie, elle expliqua la nouvelle règle à son fils car elle savait fort bien que son activité favorite au magasin consistait à courir d'une allée à l'autre.

« Matthieu, tu dois toujours rester à mes côtés, commença-t-elle. Tant que tu restes près de moi, tu peux regarder les choses avec tes yeux, mais non avec tes mains ! »

Pendant l'exercice, Matthieu s'évapora en quelques minutes. « Ne t'éloigne pas », lui dit sa mère quand elle le rattrapa enfin dans une allée et l'attira à elle. « Tu es censé rester près de moi. Quand tu restes près de moi, tu es en sécurité. »

Matthieu n'avait jamais entendu ce sermon avant et ignorait quelle importance il avait au juste. Il fit donc comme s'il n'avait pas entendu et s'élança vers les confiseries dont il raffolait.

Mme Séguin, qui cachait sa rage intérieure sous un air froid, se dit que la règle était nouvelle et que, comme toutes les règles, elle demandait un peu de pratique avant d'être suivie à la lettre.

« Tu es censé demeurer près de moi parce qu'ainsi, tu es en sécurité », dit-elle en le réprimandant de nouveau. Elle l'emmena séance tenante dans un coin tranquille du magasin et lui tourna le dos sans s'éloigner.

Matthieu jeta un regard en coin à sa mère et cria : « Non ! Je veux jouer. Je te déteste ! » Embarrassée mais intraitable, sa mère ne prêta pas attention à sa colère, car elle avait décidé que, si une réprimande ne venait pas à bout du problème, elle mettrait son fils au « temps mort » pour lui apprendre la règle.

Après trois minutes (qui lui parurent trois heures), elle fit un grand sourire à son fils et lui répéta la règle pendant qu'ils terminaient leurs emplettes. Chaque fois que Matthieu demeurait près d'elle, Mme Séguin le félicitait : « C'est très bien, mon chéri. Je suis très heureuse de faire mes courses avec toi », ajouta-t-elle avant de voir avec son fils quelles céréales elle achèterait pour le petit déjeuner du lendemain.

Grâce aux réprimandes, Mme Séguin ne dut recourir au « temps mort » qu'à quelques reprises pendant les semaines suivantes car Matthieu et elle prenaient grand plaisir à la nouvelle intimité qui les liait.

Une nouvelle autonomie

« J'veux le faire tout seul » est une phrase que les parents d'enfants d'âge préscolaire peuvent s'attendre à connaître aussitôt que leur enfant aura passé le cap des deux ans. Cette déclaration d'indépendance offre aux parents une occasion en or de laisser leurs jeunes expérimentateurs s'exercer, tant qu'ils n'enfreignent pas les lois de la maison pendant la période d'essais et erreurs. Comme le but ultime de l'éducation parentale consiste à inculquer aux enfants la confiance en soi et l'autonomie, armez-vous de patience pour supporter leurs erreurs et équilibrez vos obligations avec l'importance d'inculquer à vos enfants une autonomie fonctionnelle.

Les mesures préventives

Ne supposez pas d'emblée que votre enfant n'est pas capable de faire une chose

Suivez de près l'évolution des aptitudes de votre enfant. Donnez-lui la chance d'essayer quelque chose avant de le faire pour lui afin de ne pas sous-estimer ses capacités.

Achetez-lui des vêtements faciles à mettre et à enlever

Achetez à votre enfant des vêtements qu'il pourra baisser et remonter sans difficulté pour l'apprentissage de la propreté, par exemple. Achetez-lui des chemises qu'il pourra enfiler facilement seul et qui ne resteront pas coincées sur ses épaules.

Rangez ses vêtements en ensembles coordonnés

Aidez votre enfant à développer sa coordination visuelle en regroupant ses vêtements de sorte qu'il puisse les prendre plus facilement (et vous aussi).

Prévoyez les frustrations

Facilitez-lui la tâche autant que possible. Détachez les boutons-pressions de son pantalon ou baissez légèrement la fermeture Éclair de son manteau avant de le laisser finir le travail.

Les solutions

À FAIRE

Jouez à la « course contre la montre »

Indiquez à votre enfant le temps dont vous disposez pour faire une activité afin d'éviter qu'il n'attribue à son incapacité le fait que vous preniez les choses en main. Réglez un minuteur au nombre de minutes que vous voulez accorder à la tâche et dites : « Voyons si tu peux t'habiller avant la sonnerie », par exemple. Vous inculquez ainsi à votre enfant le sens de la ponctualité et réduisez la lutte de pouvoir entre lui et vous, car ce n'est pas vous qui commandez, mais le minuteur. Si vous n'avez pas beaucoup de temps et devez terminer une tâche que votre enfant a commencée, expliquez-lui que vous êtes pressé pour ne pas qu'il pense que sa lenteur est en cause.

Proposez la collaboration et le partage

Comme votre enfant n'est pas conscient de la raison qui l'empêche d'exécuter une tâche ni du fait qu'il en sera bientôt capable, proposez-lui de partager le travail quand il s'habille ou mange, par exemple, en exécutant la partie dont il est trop petit pour se charger (comme d'attacher ses chaussures, s'il a un an). Dites : « Pourquoi ne tiendrais-tu pas ta chaussette pendant que je mets ta chaussure » afin d'occuper votre enfant pour qu'il ne se contente pas de vous observer en se sentant inutile.

Louez ses efforts

Comme vous êtes son professeur préféré, vous pouvez encourager votre enfant à essayer des tâches. Comme vous savez que c'est en forgeant qu'on devient forgeron, enseignez-le-lui en disant, par exemple : « Je te félicite d'avoir essayé de tresser tes cheveux. C'est très bien. Nous recommencerons plus tard. » Trouvez du bon aux piètres résultats. Louez votre enfant quand il essaie de mettre ses chaussures seul, même s'il n'y réussit pas très bien.

Demeurez aussi calme que possible

Si votre enfant ne veut pas que vous leviez le petit doigt pendant qu'il fait tout par lui-même (« Je vais mettre mon short », « Je vais aller ouvrir », « C'est moi qui ferme le tiroir »...), rappelez-vous qu'il commence à affirmer son indépendance, non son entêtement. Comme vous voulez qu'il finisse par se débrouiller seul, laissez-le essayer. Même si vous n'aimez pas attendre ou ne supportez pas le tiroir mal fermé ou les serviettes de table mal placées, ne vous fâchez pas. Les choses peuvent ne pas être faites aussi rapidement ou parfaitement que vous le voudriez. Réjouissez-vous de voir votre enfant faire ses premiers pas vers l'autonomie et soyez fier de ses initiatives.

Accordez-lui autant d'indépendance que possible

Laissez autant que possible votre enfant se débrouiller seul afin que la frustration ne vienne pas se substituer à sa curiosité innée. Laissez-le tenir son autre chaussure et vous la passer, par exemple, au lieu d'insister pour la garder à l'écart de ses petits doigts remuants pendant que vous attachez la première.

Demandez à votre enfant, mais n'exigez pas

Pour habituer votre enfant à demander gentiment ce qu'il veut, montrez-lui comment faire : « Si tu me le demandes gentiment, je te laisserai faire telle chose. » Puis, expliquez-lui ce que vous entendez par « gentiment ». Apprenez-lui à dire : « Puis-je prendre une fourchette, s'il vous plaît ? » par exemple.

À ÉVITER

Ne punissez pas les erreurs de votre enfant

S'il veut verser lui-même son lait et qu'il en renverse, souvenez-vous de l'aider la fois suivante. N'oubliez pas que c'est en forgeant qu'on devient forgeron, et ne vous attendez pas à ce qu'il réussisse du premier coup.

Ne critiquez pas les efforts de votre enfant

Si l'erreur vous paraît bénigne, ne la relevez pas. Même s'il a enfilé sa chaussette à l'envers, dites simplement : « Mettons le côté doux de la chaussette à l'intérieur tout contre ta peau, d'accord ? » et n'insistez pas.

Ne vous sentez pas rejeté

Votre enfant veut ouvrir la porte lui-même, mais vous

savez fort bien que vous pouvez le faire plus rapidement et avec moins d'efforts. Ne dites rien, et laissez-le manifester son indépendance et sentir que vous appréciez sa façon de faire les choses. Ne soyez pas blessé parce que votre enfant n'apprécie pas votre aide ; sachez qu'il grandit et que les choses sont comme elles doivent l'être.

IRÈNE L'INDÉPENDANTE

Durant les trois premières années de la vie d'Irène, sa mère était à ses pieds. Maintenant « Miss Indépendance », comme sa mère l'appelait, ne voulait plus que celle-ci fasse quoi que ce soit pour elle, changement de personnalité que Mme Boisvert trouvait frustrant et déconcertant.

« J'en ai marre de t'attendre, Irène ! » lui dit-elle un jour qu'elles étaient en retard à la maternelle et qu'Irène refusait son aide pour enfiler son manteau. « Tu n'es pas capable », ajouta-t-elle dans l'espoir de convaincre sa fille de ne pas se charger de tâches au-dessus de son âge.

Le flux des demandes et des refus se modifia au moment précis où Mme Boisvert sentit qu'elle commençait à prendre Irène en grippe et à abhorrer son désir de se débrouiller seule. Comme sa fille s'habillait un matin pour sortir, Mme Boisvert remarqua qu'elle avait, pour la première fois, très bien mis son manteau. « Je te félicite d'avoir si bien mis ton manteau », lui dit-elle en commençant à remonter la fermeture Éclair. « Tu te hâtes de te préparer pour l'école ! Je suis très fière de toi », ajouta-t-elle. Elles sortirent après qu'Irène eut laissé sa mère terminer le travail sans lui chercher noise pour la première fois depuis des semaines.

En route, Mme Boisvert songea au fait que, aux dires de l'éducatrice, sa fille devenait très indépendante à la maternelle. En effet, elle voulait répondre aux questions et être l'« assistante » sans qu'on le lui demande.

Mme Boisvert décida de se montrer tolérante envers les velléités d'indépendance de sa fille — qualité qu'elle avait tant espéré voir éclore chez elle il y a un an — en les tempérant au moyen d'un minuteur qui l'aiderait à exécuter ses préparatifs du coucher et à ranger ses jouets.

Le lendemain, Irène voulut, comme à l'habitude, mettre la table toute seule. Au lieu de l'aider, Mme Boisvert annonça la nouvelle règle : « Irène, tu peux essayer de mettre la table seule jusqu'à la sonnerie. Quand tu entendras la sonnerie, je t'aiderai. Voyons si tu peux mettre la table avant que le minuteur sonne. »

Irène n'aimait pas l'idée que sa mère l'aide, mais elle adora l'idée de battre de vitesse le minuteur. Elle fut d'autant plus fière d'elle-même ce soir-là qu'elle termina son travail avant la sonnerie.

Sa mère aussi était fière d'elle : « Je te félicite d'avoir mis la table toute seule », déclara-t-elle tout en replaçant silencieusement les cuillers à côté des bols (sans en souffler mot à sa fille).

La mère d'Irène continua de féliciter les efforts de sa fille chaque fois que c'était approprié. Elle faisait son possible pour lui faciliter la tâche et, au besoin, elles terminaient le travail ensemble.

UN CRI DE LIBERTÉ

Tout absorbés qu'ils sont par leurs efforts pour se tailler une place dans le monde, les enfants d'âge préscolaire ont parfois besoin qu'on les retienne car ils ne sont pas aussi indépendants et maîtres d'eux qu'ils le croient. À mesure que votre petit de un an grandit, vous relâcherez progressivement votre surveillance en l'adaptant à ses nouveaux besoins. Laissez-le faire tant que sa sécurité n'est pas en cause. Apprenez à connaître les limites de votre enfant en mettant à l'épreuve sa maturité et son sens des responsabilités avant de commettre l'erreur de lui accorder plus de liberté qu'il ne peut en prendre.

Nota : Attribuez à votre enfant des libertés proportionnées à ses capacités. Donnez-lui régulièrement l'occasion de montrer qu'il est assez mûr pour tirer profit de la liberté que vous lui accordez.

Les mesures préventives

Fixez les limites de votre enfant au sein de la famille

Votre enfant a besoin de connaître ses limites : ce qu'il peut et ne peut pas faire, quand il a le droit de sortir, etc., avant que vous ne vous attendiez à ce qu'il vous obéisse. Faites connaître, même à votre bambin de un an, son territoire « licite » afin d'éviter autant d'actes « illicites » que possible.

Indiquez à votre enfant les cas où il peut franchir ses limites

Réduisez l'attrait qui nimbe certaines actions du simple fait qu'elles sont interdites en indiquant à votre jeune aventurier dans quels cas il peut suivre son bon plaisir sans s'attirer d'ennuis. Exemple : « Tu peux traverser la rue seulement si tu me tiens la main. »

Accordez à votre enfant autant de liberté qu'il peut en prendre sans danger

Si votre enfant se montre responsable à l'intérieur de ses limites, repoussez un peu celles-ci. Expliquez-lui pourquoi elles changent ; ainsi il sera fier de sa capacité à obéir aux règles et heureux d'être assez responsable pour mériter sa liberté. Exemple : « Comme tu me préviens chaque fois que tu vas chez ton ami d'à côté, tu peux aller un peu plus loin dans la rue maintenant ; bien sûr, tu dois toujours me demander la permission avant de sortir. »

Les solutions

À FAIRE

Offrez-lui des récompenses s'il respecte ses limites

Récompensez votre enfant quand il respecte ses limites en lui accordant beaucoup d'attention. Exemple : « Je te félicite d'être resté près des balançoires et de ne pas être allé dans la cour du voisin. Tu peux te balancer encore trois minutes ! »

Restreignez sa liberté

Montrez à votre enfant que la transgression des limites coupe court à son plaisir : « Je regrette que tu sois sorti de la cour ; tu resteras dans la maison cet après-midi » ou « Je regrette que tu aies traversé la rue ; désormais, tu devras jouer derrière la maison ».

Soyez aussi conséquent que possible

Ne laissez pas votre enfant enfreindre une règle sans réagir en conséquence afin de lui montrer que vous ne plaisantez pas. En outre, votre enfant se sentira aussi plus tranquille quand il agira seul parce qu'il saura ce que vous attendez de lui.

À ÉVITER

Ne corrigez pas votre enfant s'il s'aventure dans la rue

Les raclées encouragent les enfants à commettre leurs méfaits en cachette. Ceux qui se glissent dans la rue à l'insu de leurs parents courent un grand danger. Aussi, n'aggravez pas le problème en poussant votre enfant à agir subrepticement.

LAURE LA POPULAIRE

La petite Laure, qui a cinq ans, est la fillette la plus populaire de la rue, qualité qui fait d'elle le problème le plus épineux de la famille Toupin, qui compte sept enfants.

« J'irai à pied jusqu'à l'école avec Suzie, j'irai chez Diane après le déjeuner, et je jouerai à la poupée avec Marie aujourd'hui », annonce Laure à sa mère, un matin, au petit déjeuner.

Comme sa mère déclarait qu'elle n'irait nulle part ce jour-là ni les jours suivants, Laure la supplia : « Pourquoi pas ? J'irai de toute façon, tu ne peux pas m'en empêcher ! »

Ces déclarations de révolte entraînaient habituellement un tumultueux échange d'injures entre Laure et ses parents. C'est ce qui se produisit le jour où la fillette s'élança dans la rue pour se rendre chez son amie bien que cela lui eût été interdit.

« Ce n'est pas juste ! » cria Laure alors que ses parents furieux l'expédiaient dans sa chambre. Ceux-ci ignoraient quelle « longueur de corde » laisser à leur « bébé » et quelles limites lui imposer pour la protéger des dangers qu'elle était trop jeune pour éviter. Comme elle recevait constamment des invitations, ses parents ne pouvaient ingorer le problème qui consistait à décider où elle pouvait aller et à quel moment.

Pour le résoudre, ses parents décidèrent de trouver un compromis et d'établir des règles qu'ils pourraient modifier si leur fille se montrait suffisamment responsable. Ils commencèrent par expliquer les nouvelles règles à Laure qui se réjouissait à l'idée d'apprendre comment gagner plus de liberté.

« Je veux que tu apprennes à traverser la rue », lui dit sa mère quand Laure demanda si elle pouvait aller chez son amie qui habitait en face.

Laure et sa mère allèrent jusqu'au trottoir où cette dernière lui enseigna la conduite à tenir : comment s'arrêter sur le trottoir, regarder à gauche, puis à droite, et pas seulement regarder, mais observer aussi. Puis elle lui demanda de décrire ce qu'elle voyait de chaque côté. S'étant assurée que la voie était libre, elle lui apprit à traverser la rue seulement quand elle lui tenait la main. Ensuite, elles traversèrent la rue ensemble, en regardant à gauche et à droite et en décrivant ce qu'elles voyaient. Elles recommencèrent une dizaine de fois, Mme Toupin complimentant sa fille quand elle suivait ses instructions à la lettre. Puis elle lui dit : « Maintenant, traverse la rue toute seule pendant que je te regarde. »

Quand Laure eut montré qu'elle pouvait suivre les règles, Mme Toupin en édicta une nouvelle : « Tu peux traverser la rue pour aller chez ton amie, mais tu dois d'abord me prévenir, et je viendrai te regarder. »

Que de travail il fallut pour arriver à ce compromis, songea Mme Toupin, mais elle comprit qu'elle ne pouvait relâcher sa surveillance qu'en sachant que sa fille pouvait assumer les responsabilités inhérentes à la liberté. Le fait d'établir les conditions de cette liberté et de s'y exercer fit que chacune se sentit satisfaite et rassurée face aux limites et aux attentes.

Ne vouloir en faire qu'à sa tête

Comme la patience n'est pas une vertu innée chez les humains, les tout-petits doivent apprendre l'art d'attendre quand ils veulent faire, voir, manger, toucher ou entendre quelque chose. Comme vous savez beaucoup mieux que votre enfant d'âge préscolaire ce qui est bon pour lui, vous êtes plus qualifié que lui pour décider quand il peut faire ce qu'il veut et ce qu'il doit faire. Tout en exerçant ce contrôle, expliquez à votre enfant quand et comment il peut obtenir ce qu'il veut. En outre, montrez-lui que la patience vous rapporte à vous aussi : « Je n'aime pas attendre avant d'acheter le nouveau mobilier de la salle à manger que je veux, mais je sais que si je fais des efforts pour économiser de l'argent, je pourrai l'acheter bientôt. » Ou encore : « Je sais que tu veux manger la pâte à gâteau, mais si tu attends qu'elle soit cuite, tu auras encore plus de gâteau à manger. » Votre enfant découvre à peine que le monde ne tournera pas toujours autour de ses désirs. Il n'est pas trop tôt pour qu'il apprenne l'art de faire face à cette réalité souvent frustrante de la vie.

Les mesures préventives

Offrez à votre enfant un choix d'activités

Fixez les conditions dans lesquelles votre enfant pourra faire ce qu'il veut et proposez-lui des activités à faire en attendant. Exemple : « Quand tu auras joué avec tes bâtonnets cinq minutes, nous irons chez Mamie. »

Les solutions

À FAIRE

Encouragez la patience

Récompensez même le plus léger signe de patience en félicitant votre enfant quand il s'est montré patient ou s'est acquitté d'une tâche, par exemple. Définissez le mot « patience » si vous sentez qu'il ne lui est pas familier : « Tu es très patiente quand tu attends que je récure l'évier avant d'avoir ton jus de fruit. Cela me montre que tu es une grande fille. » Vous enseignez ainsi à votre enfant qu'il est capable de retarder la satisfaction de ses désirs même s'il ne le sait pas encore ; en outre, votre approbation stimule son amour-propre.

Demeurez aussi calme que possible

Si votre enfant refuse d'attendre ou proteste parce qu'il ne peut imposer sa volonté, rappelez-vous qu'il apprend une précieuse leçon de vie : l'art d'être patient. En vous voyant être patient, il apprendra vite que demander ne comble pas les désirs aussi rapidement qu'exécuter le travail soi-même.

Faites en sorte que votre enfant participe à la réalisation de ses désirs — appliquez la règle de grand-mère

Si votre enfant hurle : « Veux aller ! Veux aller ! Veux aller ! » chez sa grand-mère, par exemple, répétez-lui les conditions établies au préalable quant à ce qu'il doit faire avant que vous accédiez à son désir. Vous augmentez ainsi ses chances d'exécuter la tâche que vous attendez de lui. Énoncez ces conditions d'une manière positive : « Quand tu auras replacé tes livres sur l'étagère, nous irons chez Mamie. »

Évitez d'opposer un simple « non » aux désirs de votre enfant

Expliquez-lui comment s'y prendre pour faire ce qu'il veut (si c'est possible et sans danger), au lieu de lui donner l'impression qu'il ne pourra jamais satisfaire ses désirs : « Quand tu te seras lavé les mains, tu pourras avoir une pomme. » Certes, il y a des moments où vous devez dire non à votre enfant (s'il veut jouer avec la tondeuse, par exemple). Proposez-lui alors un autre jeu qui comblera ses désirs tout en lui apprenant à faire des compromis et à rester souple.

À ÉVITER

N'exigez pas de votre enfant qu'il obtempère sur-le-champ

En exigeant de votre enfant qu'il s'exécute séance tenante, vous renforcez l'idée qu'il peut imposer sa volonté immédiatement tout comme vous voulez lui imposer la vôtre.

Ne récompensez pas l'impatience

Ne cédez pas aux désirs de votre enfant chaque fois qu'il ne veut en faire qu'à sa tête. Bien qu'il soit tentant de remettre à plus tard votre occupation du moment afin de satisfaire votre enfant et d'éviter une bataille ou une crise, céder à ses exigences lui apprend seulement à ne pas être patient et augmente ses chances de toujours chercher à imposer sa volonté sur-le-champ.

Faites comprendre à votre enfant que ce n'est pas parce qu'il l'a exigé que son désir a été comblé

Même s'il rechigne tout le temps qu'il doit attendre, faites-lui comprendre clairement que c'est parce que vous êtes prêt et que vous avez terminé vos travaux que vous montez dans la voiture, et non parce qu'il a pleurniché tout ce temps : « J'ai fini de laver la vaisselle. Nous pouvons y aller maintenant. »

« J'LE VEUX TOUT DE SUITE ! »

« Veux boire tout de suite », disait en pleurnichant la petite Émilie, âgée de deux ans, chaque fois qu'elle avait soif. Quand elle voyait sa mère donner le biberon à son petit frère Justin, elle en voulait un, elle aussi, tout de suite.

« Non, je suis occupée. Il faudra que tu attendes ! » répondait sa mère qui s'irritait de voir que sa fille ne comprenait pas que les bébés ne pouvaient pas attendre comme les grandes filles.

Les exigences d'Émilie étaient si nombreuses (elle voulait qu'on la prenne, ou qu'on lui donne un jouet ou à boire) que sa mère appréhendait les moments où sa fille entrait dans la pièce alors qu'elle-même était occupée, surtout quand elle s'affairait auprès de Justin.

Quand Émilie se mit à ôter à son frère les aliments, les boissons, les jouets et les couvertures en disant qu'ils étaient à elle, sa mère comprit qu'elle devait prendre le taureau par les cornes. Elle expliqua à sa fille une nouvelle règle qui s'appelait « la règle de grand-mère » : « Quand tu auras fait ce que je t'ai demandé, tu pourras faire ce que tu demandes. C'est la nouvelle règle dans cette maison. »

Cet après-midi-là, comme Émilie insistait pour avoir un jus de fruit dix minutes seulement après le dernier, sa mère déclara fermement : « Quand tu auras mis tes chaussures, tu auras du jus de pomme. »

Or, Émilie avait l'habitude de s'entendre répondre « non » et de piquer une crise jusqu'à ce que sa mère cède à ses caprices. Elle feignit donc d'ignorer la nouvelle règle de sa mère et se mit à supplier : « J'ai soif ! J'ai soif ! » comme d'habitude.

Or, non seulement sa crise ne mena à rien, mais sa mère s'en désintéressa tout à fait. Frustrée, la fillette mit ses chaussures pour voir si cela ne lui vaudrait pas l'attention de sa mère (et le jus de fruit) puisque ses cris ne l'avaient pas fait et constata, surprise et ravie, que c'était le cas.

Elle apprit rapidement que sa mère ne plaisantait pas car elle continua d'appliquer régulièrement la règle de grand-mère. Quand Émilie remplissait les conditions de l'entente, sa mère la félicitait par des paroles comme : « Je suis heureuse de voir que tu as débarrassé la table. Tu peux jouer dehors maintenant. »

Elle admirait sincèrement les actions de sa fille, et celle-ci semblait apprécier les demandes de sa mère et y être plus sensible, demandes que celle-ci tentait de limiter quand c'était possible. À mesure que les membres de la famille apprenaient à collaborer pour arriver à leurs fins, ils retrouvèrent le plaisir de vivre les uns avec — et non malgré — les autres.

Les enfants qui lambinent

Comme le temps n'a aucune signification pour l'enfant de moins de six ans, celui-ci ne voit aucun intérêt à se presser. Au lieu de pousser votre enfant à coup de « allons », « je t'en prie, dépêche-toi », faites la course avec lui ou donnez-lui l'occasion de courir se jeter dans vos bras, par exemple. Donnez des instructions amusantes et non des ordres frustrants. Donnez à votre enfant l'impression qu'il contrôle sa lenteur ou sa rapidité de sorte qu'il n'éprouvera pas le besoin de lambiner simplement pour exercer son influence sur le rythme des choses.

Les mesures préventives

Prévoyez un délai d'exécution

Si vous êtes pressé, attendre votre petite tortue ne peut que vous exaspérer et vous retarder encore davantage. Prévoyez suffisamment de temps pour vous préparer à partir, tout en sachant que lambiner est une réaction typique chez quelqu'un qui ne comprend pas ce que se presser veut dire et qui est un explorateur du monde à temps plein.

Suivez un horaire fixe

Comme un enfant a besoin de routine et de constance dans sa journée et qu'il est plus enclin à lambiner quand sa routine est modifiée, établissez un horaire régulier et des limites de temps pour les repas, les passages de la voiture à la maison, etc., afin de familiariser votre enfant avec votre emploi du temps.

Ne lambinez pas vous-même

Si vous aidez votre enfant à se préparer pour le faire attendre ensuite, vous lui montrez que le temps n'est pas important. Ne lui dites pas que vous êtes prêt à aller chez grand-mère, par exemple, si vous ne l'êtes pas.

Les solutions

À FAIRE

Faites en sorte que votre enfant puisse suivre facilement votre rythme

Jouez à des jeux simples pour déguiser votre précipitation, comme de demander à votre enfant de deviner ce que grand-mère a dans sa maison ; vous l'inciterez ainsi à se hâter. Demandez à votre enfant de « courir se jeter dans vos bras » quand vous voulez qu'il arrive plus vite à la voiture, par exemple.

Jouez à la « course contre la montre »

Les enfants sont toujours plus rapides quand ils tentent de battre de vitesse le minuteur (une autorité neutre) plutôt que de se concentrer sur la tâche qu'on leur a assignée. Dites, par exemple : « Voyons si tu peux t'habiller avant la sonnerie. »

Encouragez votre enfant à se dépêcher

Pour aiguillonner votre enfant, encouragez-le en cours de route. Dites, par exemple : « Je te félicite de t'habiller si rapidement » au lieu de dire simplement : « Merci de t'être habillé » une fois que c'est fait.

Aidez-le concrètement

Vous devrez parfois seconder physiquement votre enfant dans la tâche à accomplir (s'habiller ou monter dans la voiture) pour lui montrer que la terre continue de tourner quel que soit son programme du moment.

Appliquez la règle de grand-mère

Si votre enfant lanterne alors que vous devez soutenir une certaine allure afin de vous rendre quelque part ou d'accomplir une tâche, par exemple, appliquez la règle de grand-mère en associant une allure plus rapide avec la satisfaction ultérieure d'un de ses désirs : « Quand tu auras fini de t'habiller, tu pourras jouer avec ton train. »

À ÉVITER

Ne vous emportez pas

Si vous êtes pressé et que votre enfant ne l'est pas, évitez de vous ralentir tous deux encore plus en lui accordant de l'attention parce qu'il lambine (en le harcelant ou en lui criant de se dépêcher, par exemple). Votre rogne ne fera qu'inciter votre enfant à prendre son temps.

Ne le harcelez pas

Si vous harcelez votre enfant, vous ne faites que lui prêter attention à un moment où il flâne plutôt qu'à un moment où il se dépêche. Utilisez une technique d'accélération déguisée en jeu.

FANFAN LA FLÂNEUSE

La petite Fanfan, trois ans, se perdait dans la contemplation des brins d'herbe de la pelouse ou jouait avec ses lacets au lieu de faire ce qu'il fallait à ce moment. Sa grand-mère, qui la gardait tous les jours, détestait se mettre en colère et être obligée de traîner ou presque sa petite-fille jusqu'à la porte de la maternelle. « Dépêche-toi ! Cesse de flâner ! » commandait-elle, mais Fanfan était imperméable à tout encouragement à faire une chose plus vite qu'elle ne le voulait.

En fin de compte, la grand-mère dit à sa fille qu'elle ne voulait plus s'occuper de Fanfan, sa petite-fille préférée, parce qu'elle se sentait trop impuissante et furieuse. Mme Portal conseilla alors à sa mère de féliciter Fanfan quand elle se hâtait, même un peu ; de la sorte, elle lui accorderait de l'attention quand elle ne lambinait pas sans s'occuper d'elle quand elle perdait du temps, technique qu'elle employait elle-même.

La grand-mère écouta aussi la suggestion de sa fille de récompenser Fanfan quand elle se pressait, geste qui lui semblait tout naturel puisqu'elle apportait toujours des présents à sa petite-fille.

« Je suis contente de voir que tu arriveras à la porte avant moi aujourd'hui », dit la grand-mère, un jour où Fanfan marchait plus vite que d'habitude vers l'école.

Comme Fanfan reprenait son allure habituelle à mesure qu'elle approchait de sa destination, sa grand-mère décida d'encourager sa rapidité au lieu de se plaindre de sa lenteur. « Si tu files jusqu'à la porte de l'école avant que j'aie fini de compter jusqu'à cinq, je te donnerai le peigne que tu as vu dans mon sac », dit-elle à Fanfan qui partit à la hâte comme si elle n'avait jamais lambiné de sa vie.

La grand-mère tint parole, donna son peigne à sa petite-fille et constata que les récompenses la rendaient obéissante.

Fanfan dut encore apprendre à s'habiller en suivant le rythme de sa grand-mère et non le sien, mais désormais celle-ci prenait de nouveau plaisir à sa compagnie et avait l'impression de maîtriser le cadre temporel qui était le leur à toutes deux.

Le refus d'obéir

Dans le cadre de leurs jeux et plaisirs quotidiens, les enfants d'âge préscolaire sont les meilleurs experts qui soient quand il s'agit de mettre à l'épreuve les règles des parents et de voir s'ils donneront suite à leurs avertissements, et avec quelle fidélité leurs ordres doivent être obéis. Soyez constant dans vos décisions lorsque vous sentez que votre enfant vous met à l'épreuve. Prouvez-lui que vous ne plaisantez pas, de sorte qu'il sera plus tranquille quant à ce qu'il peut attendre des autres adultes. Le contrôle que vous exercez peut lui apparaître comme une tyrannie injuste mais, malgré ses protestations, il sera soulagé de voir que vous établissez des limites et des règles pendant qu'il passe du monde des petits à celui des grandes personnes.

Les mesures préventives

Sachez combien de directives votre enfant peut suivre à la fois

Votre enfant ne peut se rappeler et suivre qu'un certain nombre de directives à la fois. Pour connaître sa limite, donnez-lui une directive simple, puis deux, puis trois. Voici un exemple en comportant trois : « Je t'en prie, ramasse ton livre, mets-le sur la table et viens t'asseoir près de moi. » Si l'enfant les exécute dans le bon ordre, vous saurez qu'il peut retenir trois directives. Sinon, trouvez sa limite et attendez qu'il soit plus âgé pour lui en donner plus. Rappelez-vous de ne jamais dépasser le nombre de directives que votre enfant peut suivre à son stade de développement.

Laissez votre enfant faire autant de choses qu'il peut par lui-même sans l'arrêter

Comme il n'aspire qu'à en faire à sa tête et à avoir une emprise totale sur sa propre vie, votre enfant de deux, trois, quatre ou cinq ans luttera pour pouvoir opérer ses propres choix. Donnez-lui l'occasion de cultiver ses aptitudes à décider et d'accroître sa confiance en soi. Plus il aura l'impression d'être responsable de la situation, moins il sera enclin à refuser qu'on lui donne des ordres.

Évitez les règles inutiles

Analysez l'importance d'une règle avant de la couler dans l'airain. Votre enfant d'âge préscolaire a besoin de la plus grande liberté possible pour développer son indépendance, donc accordez-la-lui.

Les solutions

À FAIRE

Donnez des instructions simples et claires

Soyez aussi précis que possible avec votre enfant afin de lui faciliter la tâche. Faites des suggestions, mais ne critiquez pas son travail. Dites, par exemple : « S'il te plaît, ramasse tes jouets maintenant et mets-les dans la boîte » plutôt que « Pourquoi ne penses-tu jamais par toi-même à ramasser tes jouets et à les ranger ? »

Félicitez-le s'il obéit à vos ordres

Récompensez-le en réagissant de manière positive à un travail bien fait. Montrez-lui également l'exemple de ce qu'il doit dire quand il apprécie le travail d'un autre en lui disant, le cas échéant : « Merci d'avoir fait ce que je t'ai demandé » comme vous le diriez à un ami adulte.

Utilisez le compte à rebours

Fixez comme règle que votre enfant doit commencer une tâche au chiffre cinq, par exemple, pour l'habituer à interrompre une activité qu'il aime afin de faire ce que vous lui demandez. Exemple : « S'il te plaît, ramasse tes jouets maintenant. Cinq, quatre, trois, deux, un. » Le cas échéant, remerciez-le de s'être mis à l'ouvrage si rapidement.

Commentez le moindre progrès réalisé en chemin sans attendre qu'il ait exécuté toutes vos instructions

Encouragez votre enfant dès qu'il amorce les gestes qu'il faut pour le jeu que vous lui avez demandé de jouer : « Je te félicite de t'être levé pour commencer à ramasser tes jouets. »

Appliquez la règle de grand-mère pour l'inciter à obéir à vos ordres

Si votre enfant est capable de suivre une directive, offrez-lui une récompense en disant : « Quand tu auras ramassé tes livres, tu pourras regarder la télévision » ou « Quand tu te seras lavé les mains, nous déjeunerons. »

Faites un exercice

Si votre enfant ne vous obéit pas, exercez-vous en le guidant pas à pas à travers les étapes de la tâche à accomplir sans ménager vos félicitations ni vos encouragements : « Je regrette que tu ne suives pas mes instructions. Nous allons nous exercer. » Recommencez l'exercice cinq fois, puis donnez à votre enfant l'occasion de le faire seul. S'il refuse encore une fois, dites : « Temps mort » et mettez-le à l'écart de la situation.

À ÉVITER

Ne cédez pas à la résistance de votre enfant

Dites-vous : « Je sais que mon enfant ne veut pas faire ce que je dis, mais j'ai plus d'expérience que lui, et je sais ce qui est le mieux pour lui. Je dois le lui montrer en lui donnant des instructions claires afin qu'il puisse éventuellement se débrouiller seul. »

Ne punissez pas votre enfant s'il n'obéit pas à vos ordres

En montrant à votre enfant comment accomplir une tâche au lieu de lui montrer à quel point son refus vous met en colère, vous protégez son amour-propre et accordez moins d'attention au mauvais comportement qu'au bon.

« FAIS CE QUE JE DIS ! »

Le petit Raymond, qui avait quatre ans, connaissait son alphabet et ses chiffres, et pouvait même lire quelques mots dans son livre d'histoires favori. La seule chose qui semblait au-delà de ses capacités était celle à laquelle ses parents tenaient le plus : leur obéir.

Le jour, sa mère lui donnait des ordres simples comme : « Raymond, je t'en prie, ramasse tes jouets, puis mets ton linge sale dans le panier à linge » ou « Viens t'asseoir sur le canapé et mets tes bottes ».

Raymond accomplissait environ la moitié de la première tâche, puis il semblait perdre le fil de ce qu'il était censé faire et partait chercher un camion ou voir ce que son frère faisait.

« Combien de fois dois-je te répéter ce que tu dois faire ? » lui cria sa mère un jour où Raymond avait été peu efficace. « Tu ne m'écoutes jamais ! Tu ne comprends jamais ce que je te dis ! » reprit-elle en lui assenant une « taloche ».

Cela continua jusqu'à ce qu'un jour Raymond lui rétorque : « J'suis pas capable de faire ce que tu veux ! » Sa mère l'entendit et le prit au sérieux. Elle décida de lui donner une seule directive simple pour voir s'il pouvait la suivre. « Mieux vaut qu'il obéisse à un seul ordre qu'à aucun », se dit-elle.

« Raymond, apporte-moi tes bottes, je te prie », lui demanda-t-elle simplement. Comme son fils s'élançait vers ses bottes bleu et blanc, sa mère applaudit : « Merci de faire ce que je t'ai demandé, dit-elle. Je suis très contente que tu m'obéisses ! »

Elle demanda ensuite à Raymond de mettre son manteau, puis elle le complimenta de nouveau affectueusement quand il obtempéra.

Elle était ravie de ne plus avoir à menacer son fils ni à crier sur lui. En écoutant les sentiments qu'il lui exprimait, elle avait compris une chose essentielle à leur bonne entente. Elle augmenta lentement le nombre de ses directives, lui en donnant deux à la fois avant de passer à trois. Son langage clair et ses promesses de récompenses (« Quand tu auras mis tes bottes, tu pourras jouer dans la neige une minute avant d'aller chez grand-mère ») l'aidèrent dans sa lutte contre le refus de son fils d'obéir aux ordres.

LES DÉPLACEMENTS

Pour la plupart des adultes, les voyages constituent un changement de rythme, de paysage et de routine puisqu'on abandonne les soucis domestiques en faveur d'une vie libre et facile. Pour la plupart des enfants d'âge préscolaire, toutefois, voyager peut représenter tout le contraire des vacances car ils aiment le sentiment de sécurité que leur procurent leurs jouets familiers, leur lit et leur nourriture. Faites en sorte de ne pas avoir besoin de nouvelles vacances à votre retour en vous assurant que votre enfant sait que ses objets favoris (jouets, « doudous », vêtements) seront tout près de lui et feront partie du plaisir (jouez à des jeux, emmenez-le aux endroits qu'il préfère). Les voyages nous privent souvent du confort de la maison ; c'est pourquoi vous devez montrer à votre enfant comment affronter le changement et apprécier les nouvelles expériences, deux tâches qui s'avéreront d'autant plus faciles que votre élève heureux et intéressé se sentira en sécurité dans son nouvel environnement.

Nota : Rappelez-vous que les enfants dont la ceinture n'est pas bouclée seront projetés vers l'avant en cas de brusque arrêt de la voiture. Ils heurteront tout ce qui se trouve devant eux : le tableau de bord, le pare-brise ou le dossier du siège avant avec un impact équivalant à une chute du haut d'un étage pour chaque tranche de vitesse de 16 km/h. Même si le tableau de bord et le dos du siège avant sont rembourrés, un choc équivalant à une chute du haut d'un immeuble de cinq étages et demi ou plus (soit l'impact qui se produirait à 90 km/h) peut causer des dommages considérables à de petits corps. (Lire les détails sur la sécurité en voiture à la page 171.)

Les mesures préventives

Vérifiez le siège d'auto et les ceintures de sécurité de la voiture avant de partir

Les mesures de sécurité que vous prendrez avant de partir détermineront votre degré de détente au moment du départ. N'attendez pas la dernière minute pour découvrir que vous devez retarder le voyage parce qu'il vous manque l'une des choses les plus essentielles : le siège d'auto.

Habituez votre enfant à respecter la règle

Avant d'entreprendre un long voyage avec votre enfant, faites quelques essais pour qu'il puisse passer de l'apprentissage de base à la réalité du voyage. Félicitez-le chaque fois qu'il s'assoit ou boucle sa ceinture comme il faut pendant ces exercices pour lui montrer que le fait de demeurer assis dans son siège lui vaut des récompenses.

Édictez des règles

Annoncez que la voiture ne démarre que quand tout le monde a bouclé sa ceinture. Exemple : « Je regrette que ta ceinture ne soit pas bouclée. Nous ne partirons pas tant qu'elle ne le sera pas. » Attendez que tous les passagers aient obéi à cette règle avant de vous mettre en route.

Emportez des jeux appropriés

Emportez des jouets sans danger pour les vêtements et le capitonnage. Ainsi, vous pouvez emporter des crayons de cire, mais les feutres sont déconseillés car ils risquent de marquer les sièges si on les laisse tomber. Si vous utilisez les transports publics, prévoyez des activités pouvant s'exercer dans un endroit restreint, qui sont aussi calmes que possible et peuvent captiver l'enfant pendant de longs moments.

Familiarisez l'enfant avec vos projets

Discutez de vos projets de voyage avec votre enfant pour qu'il sache combien de temps durera votre absence, ce qu'il adviendra de sa chambre quand vous serez partis et à quel moment vous reviendrez. Montrez-lui des cartes et des photographies de votre destination. Parlez-lui des gens, des paysages, des événements auxquels vous assisterez et des activités que vous ferez. Racontez-lui des histoires et des souvenirs relatifs à votre dernière visite à cet endroit. Comparez celui-ci à un endroit que connaît votre enfant afin d'atténuer l'anxiété qu'il pourrait ressentir à l'idée de se rendre dans un endroit inconnu.

Associez votre petit voyageur aux préparatifs

Associez votre enfant à la préparation et à l'exécution du voyage. Sollicitez son aide pour faire les bagages, choisir les jouets qu'il emportera, porter le fourre-tout, demeurer près de vous à l'aéroport ou à la gare, etc.

Édictez les règles de conduite à suivre pendant votre séjour

Avant de partir, dites à votre enfant quels règles, jeux et activités seront ou ne seront pas permis pendant la visite chez grand-mère ou tante Hélène. Par exemple, établissez une «règle sur le bruit», une «règle sur l'exploration», une «règle sur la piscine» et une «règle sur le restaurant » qui s'appliqueront pendant les arrêts effectués en cours de route et à destination.

Les solutions

À FAIRE

Félicitez votre enfant de sa bonne conduite

Félicitez-le souvent pour sa bonne conduite et récompensez-le s'il accepte de rester dans son siège d'auto. Dites, par exemple : « Je suis vraiment content de voir que tu admires les arbres et les maisons. C'est une journée magnifique aujourd'hui. Bientôt nous pourrons sortir de la voiture et jouer dans le parc parce que tu es resté si gentiment dans ton siège. »

Arrêtez la voiture si votre enfant sort de son siège ou détache sa ceinture

Faites comprendre à votre enfant que vous comptez appliquer la règle du siège d'auto et que les suites seront les mêmes chaque fois qu'il la violera.

Jouez à des jeux en voiture

Comptez des objets, reconnaissez des couleurs, cherchez des animaux, par exemple, afin d'intégrer votre enfant au processus qui consiste à se rendre d'un endroit à un autre. Comme ni vous ni lui ne pourrez vous concentrer longtemps sur un jeu, dressez une liste de divertissements amusants avant de partir. Proposez-lui-en plusieurs par heure en faisant une tournante afin de stimuler l'intérêt de votre enfant et le vôtre.

Faites de fréquents arrêts

Votre enfant d'âge préscolaire ne tient pas en place et est sûrement au mieux de sa forme quand il bouge. De sorte qu'être confiné pendant des heures dans une voiture, un avion ou un train ne convient pas très bien à sa nature aventureuse. Donnez-lui le temps de s'ébattre physiquement dans une aire de stationnement, par exemple, ou il s'en prendra à vous au moment où vous le désirez ou vous y attendez le moins.

Surveillez ses collations pendant les longs voyages

Les aliments riches en sucre et en hydrates de carbone risquent non seulement d'accroître le niveau d'activité de votre enfant mais aussi de lui donner la nausée. Tenez-vous-en aux collations riches en protéines ou légèrement salées plutôt qu'aux aliments sucrés dans l'intérêt de la santé et du confort.

Appliquez la règle de grand-mère

Dites à votre enfant que sa bonne conduite pendant le voyage sera récompensée. Si votre enfant se plaint qu'il a soif, dites : « Si tu restes assis dans ton siège et nous parles sans geindre, nous nous arrêterons pour boire quelque chose. »

À ÉVITER

Ne faites pas de promesses que vous ne pourriez pas tenir

Ne soyez pas trop précis quant à ce que votre enfant verra en voyage car il vous obligera peut-être à tenir votre promesse. Ainsi, si vous lui dites qu'il verra peut-être un ours et qu'il n'en voit pas, vous vous exposez à entendre des jérémiades du genre « Mais tu m'avais promis que je verrais un ours » en quittant le parc.

La guerre de la route

M. et Mme Morin aspiraient à passer avec leur petite famille des vacances en tous points semblables à celles qu'ils passaient quand ils étaient petits. Mais voyager avec la petite Alexandra (trois ans) et avec Thomas (cinq ans) ressemblait davantage à une punition qu'à une partie de plaisir.

La banquette arrière de la voiture était le théâtre d'une bataille à coups de poing, et les cris attiraient à tout coup sur les enfants des menaces et des « taloches ». Mais les punitions ne parvenaient pas à apaiser la colère des parents qui se sentaient impuissants à résoudre leurs problèmes.

C'est pourquoi ils décidèrent d'édicter de nouvelles règles qu'ils mettraient à l'épreuve lors de petits trajets jusqu'à l'épicerie, jusqu'au parc ou jusque chez des amis. Ils fouillèrent dans les affaires des enfants pour trouver des jouets avec lesquels ils pourraient s'amuser en toute sécurité sans surveillance et expliquèrent à leurs rejetons la nouvelle ligne de conduite en voiture.

« Mes chéris, commencèrent-ils, nous allons à l'épicerie. Si vous restez assis dans vos sièges et nous parlez gentiment pendant tout le trajet, chacun pourra choisir son jus de fruit favori. »

Les Morin félicitaient ainsi les enfants quand ils respectaient la règle : « Merci d'avoir été si calmes ; je me réjouis de voir que vous ne pleurnichez pas et ne vous blessez pas l'un l'autre ! » La première fois, cependant, le plan échoua lamentablement, et les enfants ne reçurent pas leur récompense.

Il ne fallut que deux autres « épreuves » dans la région pour que les deux bambins se comportent bien en voiture, reçoivent des félicitations et soient récompensés pour leur bonne conduite.

Deux semaines plus tard, la famille Morin entreprit le trajet de deux heures qui devait les conduire chez grand-mère, le plus long depuis le début des exercices. Les enfants connaissaient la ligne de conduite, et des récompenses les attendaient en chemin et à destination, toutes choses qui rendirent beaucoup plus amusante la traversée de la rivière et des forêts.

LA RÉSISTANCE AUX SIÈGES D'AUTO

Les sièges d'auto et les ceintures de sécurité sont l'ennemi numéro un de milliers d'enfants d'âge préscolaire épris de liberté. Ces esprits aventureux ne comprennent pas pourquoi ils doivent être attachés, mais ils saisissent très bien la règle selon laquelle la voiture ne démarrera pas tant qu'ils n'auront pas bouclé leur ceinture ou ne seront pas assis dans leur siège d'auto. Assurez la sécurité de votre enfant chaque fois qu'il monte dans la voiture en appliquant la règle de la ceinture bouclée. Cette habitude deviendra une seconde nature pour l'enfant, passager aujourd'hui, conducteur demain, si vous n'hésitez pas à appliquer cette règle qui peut décider de la vie ou de la mort.

Comme nous l'avons mentionné auparavant, les enfants dont la ceinture n'est pas bouclée seront projetés vers l'avant en cas de brusque arrêt de la voiture. Ils heurteront tout ce qui se trouve devant eux : le tableau de bord, le pare-brise ou le dossier du siège avant avec un impact équivalant à une chute du haut d'un étage pour chaque tranche de vitesse de 16 km/h. Même si le tableau de bord et l'arrière du siège avant sont rembourrés, un choc équivalant à une chute du haut d'un immeuble de cinq étages et demi ou plus (soit l'impact qui se produirait à 90 km/h) peut causer des dommages considérables à de petits corps.

Vérifiez les sièges d'auto. Les sièges et les ceintures agréés comportent des indications de poids et d'âge visant à rendre le trajet en auto aussi sûr que possible pour votre enfant. Certains sièges sont trop petits pour les enfants plus grands ; certains enfants peuvent et voudront s'asseoir directement sur la banquette et boucler leur ceinture ou voyager dans un siège d'appoint plutôt que dans un siège d'enfant.

Les traumatismes résultant d'un accident d'automobile sont la première cause de mortalité chez les enfants. Une grande partie de ces traumatismes auraient pu être évités si les enfants avaient été attachés. Donc, ne faites aucun compromis à cet égard sinon vous pourriez compromettre à jamais la vie de votre enfant.

Les mesures préventives

Donnez à votre enfant de l'espace pour remuer et voir

Assurez-vous que son siège est aussi confortable que le vôtre et qu'il est suffisamment élevé pour permettre à l'enfant de regarder défiler le paysage. Vérifiez l'espace dont il dispose pour remuer les bras et les jambes tout en restant fermement attaché.

Édictez une règle : la voiture ne démarre pas tant que tout le monde n'a pas bouclé sa ceinture

Plus tôt (dès la naissance) vous appliquerez cette règle, plus vite votre enfant s'habituera à l'idée de s'asseoir dans son siège d'auto ou de boucler sa ceinture.

Adaptez les mesures de sécurité à l'âge de l'enfant

Assurez-vous que votre enfant comprenne pourquoi il passe à un siège plus grand ou à la banquette ordinaire avec les ceintures de sécurité afin qu'il soit fier d'être attaché. Exemple : « Tu es une grande fille maintenant. Voici ton nouveau siège de sécurité pour la voiture. »

Ne vous plaignez pas parce que vous devez boucler votre ceinture

En disant à votre conjoint ou à un ami que vous détestez boucler votre ceinture, vous donnez à votre enfant l'idée de renoncer à la sienne.

Commentez et félicitez

Faites de courts trajets dans le voisinage : un conjoint (ou un ami) conduit pendant que l'autre félicite votre enfant qui est sagement assis dans son siège d'auto afin de lui montrer comment vous voulez qu'il se comporte en voiture. Dites à votre enfant : « C'est gentil à toi de garder ta ceinture bouclée » ou « C'est très bien » tout en lui caressant les cheveux.

Les solutions

À FAIRE

Bouclez votre ceinture

Assurez-vous que votre ceinture est bouclée et montrez à l'enfant qu'il en a une comme la vôtre afin qu'il ne se sente pas le seul à être momentanément immobilisé. Si vous ne bouclez pas votre ceinture, votre enfant ne comprendra pas pourquoi lui doit le faire.

Félicitez-le s'il garde sa ceinture bouclée

Si vous ne prêtez pas attention à votre enfant quand il se conduit bien en voiture, il cherchera des moyens d'attirer votre attention, par exemple en sortant de son siège, car il sait que vous vous précipiterez à ses côtés. Évitez les ennuis à votre enfant en lui faisant comprendre que vous êtes « avec » lui à l'arrière. Parlez et jouez à des jeux de mots tout en le félicitant de rester sagement assis.

Soyez conséquent

Arrêtez la voiture d'une manière aussi rapide et sûre que possible chaque fois que votre enfant sort de son siège d'auto ou se détache pour lui montrer que vous comptez appliquer la règle. Dites : « Nous repartirons quand tu resteras dans ton siège et que tu seras attaché de manière à être en sécurité. »

Distrayez votre enfant

Essayez des activités comme les jeux de nombres ou de mots, jouez au « coucou » ou chantez des chansons, par exemple, pour éviter que votre enfant ne sorte de son siège parce qu'il a besoin de distraction.

À ÉVITER

Ne vous occupez pas du comportement de votre enfant sauf s'il détache sa ceinture ou sort de son siège

En feignant d'ignorer les pleurs et les lamentations de votre enfant quand il est attaché, vous lui montrez qu'il n'a aucun intérêt à protester contre la règle de la ceinture bouclée. Dites-vous : « Je sais que mon enfant est plus en sécurité dans son siège d'auto et qu'il n'y résistera que pour un temps. Je suis responsable de sa sécurité, et c'est en l'obligeant à s'attacher que j'assume le mieux cette responsabilité. »

ALAIN SE LIBÈRE

M. Brisson adorait emmener son fils de quatre ans, Alain, faire des courses avec lui jusqu'au jour où celui-ci comprit qu'il pouvait obtenir toute l'attention de son père en détachant sa ceinture et en faisant des bonds sur la banquette arrière.

« Ne t'avise plus jamais de détacher cette ceinture, jeune homme ! » ordonna son père en voyant que son fils s'était libéré.

Or, comme cette injonction ne suffisait pas à régler le problème, M. Brisson opta pour une punition plus sévère et plus physique. Bien qu'il n'eût jamais corrigé son fils auparavant, il lui administrait une petite fessée chaque fois qu'il le prenait à se promener librement sur la banquette arrière.

Pour sévir, toutefois, M. Brisson était forcé d'arrêter la voiture et, aussitôt, Alain se précipitait dans son siège pour éviter les coups. M. Brisson décida donc de voir ce qui se passerait s'il se contentait d'arrêter la voiture et d'annoncer qu'il ne bougerait pas tant qu'Alain n'aurait pas bouclé sa ceinture. À son fils de supporter les conséquences de sa mauvaise conduite.

Il essaya cette nouvelle méthode la fois suivante alors qu'ils se rendaient au parc. « Nous irons au parc quand tu seras assis dans ton siège et que ta ceinture sera bouclée, expliqua M. Brisson. Si tu sors de ton siège, j'arrêterai la voiture, poursuivit-il. Ce n'est pas sûr pour toi de ne pas être attaché. »

À quelques kilomètres de la maison, son fils se détacha comme d'habitude, et son père tint parole en arrêtant la voiture. Il ne corrigea pas son fils ; il se contenta de répéter la nouvelle règle et croisa les doigts en espérant qu'Alain réintégrerait son siège puisqu'il était impatient d'arriver au parc.

Il avait raison. Alain revint à son siège et rattacha calmement sa ceinture. Son père lui dit : « Merci d'être revenu dans ton siège », et ils se rendirent au parc sans autre incident.

Le problème, toutefois, n'était pas entièrement résolu. La fois suivante, Alain détacha de nouveau sa ceinture ; M. Brisson était si furieux qu'il fut tenté de crier de nouveau, mais il s'en tint à sa nouvelle méthode. En continuant d'inclure son fils dans ses conversations et en le complimentant sur sa bonne conduite en voiture, il recommença à apprécier ses sorties avec son fils, qu'il savait désormais sûres.

ANNEXE I
LISTE DE CONTRÔLE
POUR UNE MAISON SANS DANGER

Des statistiques alarmantes démontrent que les accidents sont la cause la plus importante de décès chez les enfants de 0 à 15 ans. La plupart sont attribuables à la curiosité normale et saine des enfants.

Plus l'enfant grandit, plus ses chances de se blesser augmentent. Les dangers se multiplient à mesure que bébé apprend à ramper, à marcher, à grimper et à explorer. Les accidents surviennent souvent quand les parents ne sont pas conscients des capacités de leur enfant, inhérentes à son stade de développement.

La liste de contrôle ci-dessous permet d'identifier les mesures à prendre pour prévenir les accidents domestiques.

- ❑ Fixez des loquets de sécurité sur tous les placards et les tiroirs qui renferment des objets dangereux.
- ❑ Déplacez-vous sur les mains et les genoux dans toute la maison afin de détecter tout danger à éliminer.
- ❑ Insérez dans les prises de courant des bouchons de plastique spécialement conçus à cette fin.
- ❑ Rangez les allonges inutilisées.
- ❑ Placez un grand canapé ou un fauteuil devant les prises électriques dans lesquelles des fils sont branchés.

- ❑ Rangez les petites tables ou autres meubles qui ne sont pas solides ou qui possèdent des angles aigus, jusqu'à ce que votre enfant soit plus âgé.
- ❑ Rangez hors de la portée des enfants, dans un placard verrouillé, les produits domestiques dangereux, comme les détergents, les produits de nettoyage, les lames de rasoir, les allumettes et les médicaments.
- ❑ Installez un pare-étincelles devant le foyer.
- ❑ Utilisez toujours un bon siège d'auto dans la voiture.
- ❑ Vérifiez régulièrement les jouets pour détecter les arêtes tranchantes ou les petites pièces brisées.
- ❑ Inspectez le sol pour dénicher les petits objets que votre enfant pourrait avaler ou qui pourraient l'étouffer.
- ❑ Placez une barrière en haut des marches pour empêcher les jeux non surveillés dans l'escalier.
- ❑ Ne laissez jamais votre bébé sans surveillance quand il se trouve sur la table à langer, dans la baignoire, sur un canapé, sur votre lit, sur un siège d'enfant ou une chaise haute, sur le sol ou dans une voiture.
- ❑ Gardez du sirop d'ipéca sous la main pour faire vomir votre enfant au cas où il avalerait un poison non corrosif.
- ❑ Placez les bibelots délicats hors de la portée de votre enfant.
- ❑ Gardez la porte de la salle de bains fermée en tout temps.
- ❑ Conservez les sacs de plastique et les petits objets (épingles, boutons, noix, bonbons durs, pièces de monnaie) hors de sa portée.
- ❑ Assurez-vous que les jouets, les meubles et les murs sont couverts d'une peinture sans plomb. Lisez les étiquettes des jouets pour vous assurer qu'ils ne sont pas toxiques.

- ❑ Montrez-lui le sens du mot *chaud* le plus tôt possible. Ne laissez pas votre enfant s'approcher du four brûlant, du fer à repasser, du conduit de la cheminée, du foyer, du four à bois, du barbecue, des cigarettes, du briquet et de tasses de café ou de thé chaud.
- ❑ Tournez toujours les manches des poêlons vers l'intérieur quand vous cuisinez.
- ❑ Levez toujours les montants du lit quand votre bébé (même tout petit) y est couché.
- ❑ Ne laissez pas pendre une nappe de la table quand votre petit n'est pas loin.
- ❑ N'attachez jamais de jouets à un lit ou à un parc d'enfant ; votre bébé pourrait s'étrangler avec la corde. De plus, n'enfilez jamais la sucette du bébé sur une corde que vous lui passeriez autour du cou.

ANNEXE II
GUIDE ALIMENTAIRE DES TOUT-PETITS

Les portions suggérées ici vous indiquent la quantité de nourriture à donner à votre enfant. Mieux vaut servir de petites portions quitte à ce que l'enfant en demande une seconde.

	1 à 2 ans	**2 à 3 ans**	**3 à 5 ans**
Lait	Jusqu'à 125 ml	Tasse ou verre de 175 ml	Tasse ou verre de 175 ml
Jus de fruit	Jusqu'à 125 ml	Verre de 95 à 125 ml	Verre de 125 ml
Œufs	1 moyen	1 moyen	1 moyen
Viande	Jusqu'à 125 g de viande en morceaux	La valeur d'une boulette de viande de 8 cm de diamètre sur 2 cm d'épaisseur (6 à 7 boulettes par 500 g)	La valeur d'une boulette de viande de 8 cm de diamètre sur 2 cm d'épaisseur (6 à 7 boulettes par 500 g)
Céréales	30 g de céréales cuites ; 75 g de céréales prêtes à l'emploi	30 g de céréales cuites ; 75 g de céréales prêtes à l'emploi	50 g de céréales cuites ; 125 g de céréales prêtes à l'emploi
Pain	1/2 tranche	1/2 tranche	1 tranche
Fruits et légumes	La moitié d'une pomme, d'une tomate ou d'une orange moyenne ; de 15 à 30 g pour les autres	La moitié d'une pomme, d'une tomate ou d'une orange moyenne ; de 15 à 30 g pour les autres	De 1/2 à une pomme, tomate ou orange moyenne ; de 30 à 60 g pour les autres

INDEX

Les chiffres en caractères gras renvoient aux pages où se trouvent les définitions des termes clés.

TABLE DES MATIÈRES

Au catalogue Marabout

(Livre de Poche)

Enfants – Éducation

- *100 trucs que je déteste sur la grossesse*, K. Konopicky, n° 3213
- *150 façons d'être une supermaman*, S. Dazzo, n° 3214
- *10 000 prénoms du monde entier*, P. Raguin, n° 3139
- *Adolescents, la crise nécessaire*, Dr S. Clerget, n° 3189
- *A.D.O.S.*, A. Schapiro-Niel, n° 3187
- *Ados, comment les motiver*, V. Acker, n° 3162
- *Aimer sans tout permettre*, Dr F. Dodson, n° 3101
- *Au cœur des émotions de l'enfant*, I. Filliozat, n° 3171
- *Aux petits maux les bons remèdes*, Dr G. Pacaud, n° 3209
- *Bébé calme*, C. Deacon, n° 3204
- *Bébé, dis-moi qui tu es*, Dr P. Grandsenne, n° 3160
- *Bébé, raconte-moi tes premières fois*, Dr P. Grandsenne, n° 3195
- *Bébé trucs*, C. Pellé-Douël, n° 3179
- *Ce dont chaque enfant a besoin*, Dr T. B. Brazelton, n° 3182
- *Cent histoires du soir*, S. Carquain, n° 3175
- *Destination maman*, A. Schapiro-Niel, n° 3197
- *Devenir père*, Pr. R. Frydman et C. Schilte, n° 3218
- *Écouter et soigner son enfant*, Dr M. Sznajder, n° 3206
- *Élever un garçon*, S. Biddulph, n° 3180
- *Élever une fille*, G. Preuschoff, n° 3211
- *Enceinte à Paris et en région parisienne*, V. Lamour, n° 3207
- *Enfants trucs*, C. Pellé-Douël n° 3179
- *Guide du jeune papa*, M. Micucci, n° 3186

- *Itinéraire d'un nouveau-né*, Dr E. Antier, n° 3163
- *Kilos ados*, M. Belouze et Dr A. Cocaul, n° 3203
- *Mon bébé comprend tout*, Dr A. Solter, n° 3156
- *Mon enfant a confiance en lui*, A. Bacus, n° 3192
- *Mon enfant s'entend bien avec les autres*, J. Cooper, n° 3217
- *Nounous ou crèches, que choisir ?*, Dr S. Angel, n° 3210
- *Objectif : sage comme une image !*, S. Baveystock et Dr T. Byron, n° 3215
- *Où accoucher en France*, V. Lamour, n° 3208
- *Parents efficaces*, Dr T. Gordon, n° 3102
- *Parents efficaces au quotidien*, Dr T. Gordon, n° 3138
- *Père et son enfant (Le)*, Dr F. Dodson, n° 3100
- *Prénoms et origines*, F. Le Bras, n° 3188
- *Pourquoi les aînés veulent diriger le monde et les benjamins le changer*, M. Grose, n° 3205
- *Recettes pour bébé*, Dr H. Bouchet et B. Vié, n° 3127
- *Se faire obéir sans crier*, B. Unell, n° 3169
- *Secret des enfants heureux (Le)* (vol. 1), S. Biddulph, n° 3181
- *Secret des enfants heureux (Le)* (vol. 2), S. Biddulph, n° 3184
- *Sexo ados*, Dr C. Solano, n° 3202
- *Sommeil de votre enfant (Le)*, A. Bacus, n° 3196
- *Tout se joue avant 6 ans*, Dr F. Dodson, n° 3115
- *Toutes les questions au pédiatre*, Dr M. Galland, n° 3173
- *Votre bébé de 1 jour à 1 an*, A. Bacus, n° 3120
- *Votre enfant de 1 à 3 ans*, A. Bacus, n° 3121
- *Votre enfant de 3 à 6 ans*, A. Bacus, n° 3122

IMPRIMÉ EN ALLEMAGNE PAR GGP MEDIA GMBH

pour le compte des
Nouvelles Éditions Marabout
D.L. Décembre 2009
ISBN : 978-2-501-05294-8
40.8876.1/05